Vida social no Brasil nos meados do século XIX

Gilberto Freyre

Vida social no Brasil nos meados do século XIX

4ª edição revista

Apresentação e índices elaborados por
Gustavo Henrique Tuna

Biobibliografia de edson nery da fonseca

copyright © by Fundação Gilberto Freyre, 2019/Recife – Pernambuco – Brasil
Título original: Social Life in Brazil in the Middle of the 19th Century

1ª Edição, Instituto Joaquim Nabuco de Pesquisas Sociais (IJNPS), 1964
2ª Edição, Artenova/IJNPS, 1977
3ª Edição, Fundação Joaquim Nabuco/Editora Massangana, 1985
4ª Edição, Global Editora, São Paulo 2008
2ª Reimpressão, 2023

Jefferson L. Alves – diretor editorial
Flávio Samuel – gerente de produção
Gustavo Henrique Tuna – editor assistente
Dida Bessana – coordenadora editorial
Alessandra Biral e João Reynaldo de Paiva – assistentes editoriais
Fundação Gilberto Freyre – iconografia
Ana Luiza Couto, Alessandra Biral e Marilu Maranho Tasseto – revisão
Reverson R. Diniz – projeto gráfico
Victor Burton – capa
Luana Alencar – editoração eletrônica
Vista da Rua Direita, óleo sobre tela de Emil Bauch, s.d. Gravura de F. G. Briggs, 1848 – ilustrações de capa e quarta capa

A Global Editora agradece a gentil cessão do material iconográfico pela Fundação Gilberto Freyre.

Dados Internacionais de Catalogação na Publicação (CIP)
(Câmara Brasileira do Livro, SP, Brasil)

Freyre, Gilberto, 1900-1987.
  Vida social no Brasil nos meados do século XIX / Gilberto Freyre ; tradução do original em inglês por Waldemar Valente em convênio com o Instituto Joaquim Nabuco de Pesquisas Sociais. – 4. ed. revista – São Paulo : Global, 2009.

  Título original: Social life in Brazil in the middle of the 19th century
  Bibliografia
  ISBN 978-85-260-1314-8

  1. Brasil – Usos e costumes – Século XIX 2. Brasil – Vida social e costumes – Século XIX I. Título.

08-04410   CDD-981.04

Índices para catálogo sistemático:
1. Brasil : Século XIX : Vida social   981.04

Obra atualizada conforme o
NOVO ACORDO ORTOGRÁFICO DA LÍNGUA PORTUGUESA

Global Editora e Distribuidora Ltda.
Rua Pirapitingui, 111 – Liberdade
CEP 01508-020 – São Paulo – SP
Tel.: (11) 3277-7999
e-mail: global@globaleditora.com.br

globaleditora.com.br   @globaleditora
/globaleditora   @globaleditora
/globaleditora   /globaleditora
blog.grupoeditorialglobal.com.br

Direitos reservados.
Colabore com a produção científica e cultural.
Proibida a reprodução total ou parcial desta
obra sem a autorização do editor.

Nº de Catálogo: **2722**

Gilberto Freyre, fotografado por Pierre Verger, 1945.
Acervo da Fundação Gilberto Freyre.

Sumário

Primeiros passos em retrospectiva – *Gustavo Henrique Tuna* 9

Tradução do prefácio à edição em língua inglesa, ampliada pelo autor.....21

Prefácio à 1ª edição em língua portuguesa...25

Prefácio à 2ª edição em língua portuguesa...39

Prefácio à 3ª edição em língua portuguesa...55

Vida social no Brasil nos meados do século XIX..59

Bibliografia...117

Biobibliografia de Gilberto Freyre 121

Índice remissivo 163

Índice onomástico...169

Primeiros passos em retrospectiva

Conceber um texto de apresentação de um estudo que deu origem a um clássico da historiografia brasileira não é um exercício dos mais fáceis. Pelo contrário, trata-se de tarefa espinhosa. Como é do conhecimento de muitos, *Vida social no Brasil nos meados do século XIX* é a tradução brasileira de seu texto de mestrado *Social life in Brazil in the middle of the 19th century*, apresentado na Faculdade de Ciências Políticas, Jurídicas e Sociais da Universidade de Columbia, em Nova York, Estados Unidos, e publicado na *Hispanic American Historical Review*, no volume 5, em 1922. A partir das reflexões desenvolvidas nesse seu trabalho para a obtenção do título de *Master of Arts*, Freyre continuaria suas pesquisas e publicaria *Casa-grande & senzala*, em 1933.

Freyre sempre regozijou-se do fato de o crítico norte-americano Henry L. Mencken tê-lo aconselhado a expandir o trabalho de mestrado em livro. O jovem pernambucano acabaria por cumprir o que Mencken teria desejado e onze anos depois publicaria *Casa-grande & senzala*. Em carta de 3 de abril de 1922 a Oliveira Lima, Freyre confessa estar satisfeito com a parte que já havia conseguido escrever de seu estudo de mestrado. Quando finalizado, Freyre tinha em mente que *Social life* seria um *"preliminary inquiry"*, pois já tinha planos de "aprofundar a sondagem".[1] E deixa claro ao diplomata o plano que tinha em mente: "É possível que algum dia este seu amigo apareça com dois volumes debaixo do braço – uma *História social da família brasileira* (durante os dois impérios)".[2]

Social life ficaria consagrado como o germe embrionário de *Casa-grande & senzala*. Cumpre observar que a importância do texto de mestrado de Freyre não reside somente ao estatuto de ter dado origem à sua obra mais famosa. Faz-se necessário salientar que no texto de mestrado do jovem pernambucano estão presentes temas e abordagens teórico-metodológicas que Freyre desenvolveria em outros livros de sua extensa obra.

Há que se realizar, antes de adentrar nos meandros do livro, um histórico das edições do texto. Conforme já aqui mencionado, "Social life in Brazil in the middle of the nineteenth century" foi primeiro publicado no volume 5 de *Hispanic American Historical Review*, de 1922. O trabalho seria posteriormente reeditado em 1964, ocasião na qual o mesmo número da revista foi reimpresso. No mesmo ano sairia no Brasil a primeira tradução do original inglês, feita por Waldemar Valente e revista pelo autor. A segunda edição brasileira viria a lume em 1977 e a terceira, em 1985. Todas com prefácios do autor. Freyre tinha como prática – ou quase como uma obsessão – adicionar prefácios ou introduções para novas edições de seus livros. Nesses textos, Freyre não só procurava recontextualizar a obra em seu tempo como também responder a questionamentos que iam surgindo às suas colocações com o passar dos anos. Questionamentos que ele também buscava rebater através do processo de reescrita das próprias obras com o passar de suas edições. E, como não poderia deixar de ser, era nos prefácios que Freyre rememorava – com enorme deleite pessoal – os grandes acertos que identificava em seus escritos. O antropólogo Darcy Ribeiro chegou

---

[1] Carta de Gilberto Freyre a Oliveira Lima, Nova York, 3/4/1922, in: Ângela de Castro Gomes (org.), *Em família: a correspondência de Oliveira Lima e Gilberto Freyre*. Campinas: Mercado de Letras, 2005, p. 135.

[2] Ibidem.

a comentar na edição venezuelana de *Casa-grande & senzala*, publicada dentro da coleção Biblioteca Ayacucho, o traço autoelogioso da personalidade de Freyre, ao afirmar que *"él se gusta terriblemente a si mismo"*.[3] A edição de *Vida social* ora apresentada traz esses prefácios e permite ao leitor acompanhar Freyre respondendo a seus críticos e satisfazendo-se com suas glórias. Assim como outros textos de Freyre, seu trabalho de mestrado foi modificado e ampliado ao longo de suas edições, aspecto que será rapidamente comentado nesta apresentação.

A escolha do tema de seu mestrado parece ter tirado o sono do jovem pernambucano. É o que indica sua correspondência com Oliveira Lima, seu mestre e conterrâneo que, além de lhe franquear bons contatos no período em que esteve nos Estados Unidos, tornou-se um interlocutor decisivo para que o estudante definisse o tema de sua pesquisa. Primeiramente, em contato com o professor Haring Shepherd, da Universidade de Columbia, Freyre elencou dois possíveis temas para sua dissertação: a abolição da escravatura ou as revoluções americanas, com ênfase nas brasileiras, possibilidades que foram respeitosamente comunicadas a Oliveira Lima.[4] Com base na sua larga experiência de historiador, o diplomata alerta Freyre sobre o fato de a abolição da escravatura ter sido bem analisada em um trabalho de um pesquisador de Stanford e vê com melhores olhos o desafio de estudar as revoluções.[5]

A correspondência de Freyre com Oliveira Lima deixa clara a imensa admiração do jovem estudante pelo já consagrado historiador e diplomata, haja vista que até os passos mais simples do percurso acadêmico do jovem estudante são relatados ao ilustre amigo. É possível afirmar que o recorte temporal de *Vida social* (1848-1864) está diretamente relacionado à influência de Oliveira Lima, cujos estudos, em grande parte, versaram sobre o período monárquico.

---

[3] Darcy Ribeiro, "Prólogo" in: Gilberto Freyre, *Casa-grande y senzala: formación de la família brasileña bajo el régimen de la economia patriarcal*. Caracas: Biblioteca Ayacucho, 1983, p. IX.

[4] Carta de Gilberto Freyre a Oliveira Lima, Nova York, 8/2/1921, in: Ângela de Castro Gomes (org.), op. cit., p. 65.

[5] Carta de Oliveira Lima a Gilberto Freyre, Washington, 14/2/1921, in: Ângela de Castro Gomes (org.), op. cit., p. 67.

Ao analisarmos a bibliografia utilizada por Freyre em *Vida social*, saltam aos olhos duas principais categorias de documentos: os anúncios de jornais e os livros de viajantes estrangeiros. Freyre utilizaria fartamente esses dois tipos de fontes documentais em seus estudos posteriores. No que tange à primeira categoria, Freyre dedicaria um livro inteiro à análise dos anúncios de escravos em jornais brasileiros do século XIX.[6] Os livros de viajantes estrangeiros, por sua vez, constituíram-se em fontes centrais para o sociólogo em boa parte de seus livros. Seu entusiasmo diante deles é também visível em sua correspondência com Oliveira Lima, no prefácio à primeira edição de *Casa-grande & senzala* e em outros momentos.[7] Eles aparecem em importantes passagens de *Vida social* para dar suporte às reflexões de Freyre a respeito da estrutura econômica da época, da vida que as sinhás levavam e também a respeito do cotidiano dos escravos.

A fim de se alcançar uma compreensão mais refinada acerca da arquitetura das ideias de Freyre, é mister visualizar a singularidade da formação acadêmica norte-americana por ele experimentada. Freyre esteve na Universidade de Columbia em plena fase de atividade intelectual de uma corrente de historiadores e cientistas sociais ligados àquela Universidade e à New School for Social Science Research, que ficou consagrada como "New History".[8] Essa corrente de intelectuais ansiava,

---

[6] Refiro-me ao livro de Gilberto Freyre, *O escravo nos anúncios de jornais brasileiros do século XIX.* 3ª edição, São Paulo, CCBA/Propeg, 1984.

[7] Em carta a Oliveira Lima, Gilberto Freyre menciona estar "lendo com deleite e proveito o livro de Kidder e Fletcher", referindo-se a *Brazil and the brazilians*, de Daniel Parish Kidder e James Cooley Fletcher, publicado em Boston, pela Little Brown and Company, em 1867. Carta de Gilberto Freyre a Oliveira Lima, Nova York, 27/10/1921, in: Ângela de Castro Gomes (org.), op. cit., p. 115. No prefácio à primeira edição de *Casa-grande & senzala*, o sociólogo afirma que "Para o conhecimento da história social do Brasil não há talvez fonte de informação mais segura que os livros de viagem de estrangeiros". Gilberto Freyre, "Prefácio à primeira edição", *Casa-grande & senzala*. 51ª edição, São Paulo, Global Editora, 2007, p. 47. Em livro que se configura numa reunião de suas confissões intelectuais, Freyre declara o impacto que os livros de viajantes tiveram sobre sua interpretação do país: "Lendo-os é que me fui defrontando com quase ignorados depoimentos de valor antropológico e quase ignorados sobre o Brasil ameríndio e sobre os primeiros contatos, no Brasil, de europeus com ameríndios e com africanos, em livros tidos apenas por pitorescos mas na verdade utilíssimos ao antropólogo moderno". Gilberto Freyre, *Como e porque sou e não sou sociólogo*. Brasília: Ed. Universidade de Brasília 1968, p. 48.

[8] Peter Burke chamou a atenção para a importância da *New History* na formação de Freyre em "Gilberto Freyre e a *nova história*", *Tempo social*, São Paulo: USP, 9(2), out. 1997.

de forma semelhante ao que foi proposto pelos historiadores, geógrafos e cientistas sociais franceses reunidos em torno da revista *Annales*, reformular o ofício do historiador. O novo tipo de investigação histórica, nos parâmetros projetados pela "New History", deveria concentrar uma atenção mais efetiva na análise dos aspectos culturais, sociais e econômicos.

Na biblioteca de sua casa em Apipucos, no Recife, figuram dois livros importantes da produção teórica dos "new historians": *The new history and the social studies* (1925),[9] de Harry Elmer Barnes, e *Recent developments in social sciences* (1927),[10] organizado por E. C. Hayes. Ambos os exemplares da biblioteca de Freyre encontram-se intensamente grifados. O livro de Barnes é uma espécie de balanço dos últimos dez anos dos avanços teórico-metodológicos propostos pelo círculo de pesquisadores da "New History". Já o livro organizado por Hayes é uma coletânea de textos nos quais cada autor apresenta uma avaliação do estágio em que cada disciplina se encontrava na época: Sociologia, Antropologia, Psicologia, Geografia Cultural, Economia, Ciência Política e História. O capítulo que concerne aos estudos históricos é de autoria de Harry Elmer Barnes e revisita vários argumentos por ele desenvolvidos em seu *The new history and the social studies*.

A busca pela ampliação de interesses deveria ser uma constante no ofício do historiador; este é o cerne da obra de Barnes acima mencionada. Em outras palavras, a pesquisa das variáveis em jogo para a compreensão de um processo histórico deveria ultrapassar as pistas fornecidas por uma história política. Barnes avalia que as descobertas das ciências naturais durante o século XVIII e a Revolução Industrial alteraram sensivelmente as bases do pensamento humano, aumentando o leque de temas para o estudo da história e fornecendo novos subsídios para o historiador

---

[9] Na folha de rosto do livro, Barnes dedica-o "'*To the Columbia School' of historians of a decade ago who did so much to create the new history, and to indicate its fundamental dependence upon the social sciences.* [Para 'Columbia School' dos historiadores da década passada que fizeram tanto para criar a nova história e para indicar sua fundamental dependência em relação às ciências sociais]. Harry Elmer Barnes, *The new history and the social studies*. Nova York: The Century Co., 1925. O livro traz fotos dos seguintes membros da "New History": James Thomson Shotwell, Frederick Jackson Turner, Granville Stanley Hall, Franz Boas, Franklin Giddings, Gustav Schmoller, Charles Beard e James Harvey Robinson.

[10] E. C. Hayes (org.), *Recent developments in social sciences*. Philadelphia/Londres: J. B. Lippincott, 1927.

aproximar-se com mais competência dos objetos de sua investigação. As novas ferramentas disponíveis para o pesquisador são as novas ciências que tomaram forma e que deveriam ser consideradas aliadas da história.

> Essas novas ciências são a ciência da vida, ou a biologia, a ciência do homem, ou antropologia, a ciência da mente, ou psicologia, a ciência das relações industriais, ou economia, a ciência da relação do homem com seu ambiente, ou antropogeografia, a ciência do controle da comunidade, ou ciências políticas, a ciência das relações sociais, ou sociologia. Cada uma dessas ciências representa um novo conjunto de interesses que se desenvolveram como resultado de uma necessidade vital por esse tipo de informação e análise. Seu espírito e suas tendências reagiram sobre a história para dar-lhe um conteúdo mais amplo, completo e humano.[11]

Ao desejar fornecer ao conhecimento histórico um conteúdo mais humano, os "new historians" tencionavam combater o peso excessivo que, em seu ponto de vista, era dado à história dos grandes feitos. Dentro da sua concepção, o historiador deveria operar com a noção de processo histórico, o que o levaria obrigatoriamente a recorrer aos recursos fornecidos pelas demais ciências para dar conta de aproximar-se da forma mais completa possível de seus objetos de estudo. Barnes, no artigo "Recent developments in history" do livro organizado por E. C. Hayes observa que "a ascensão da psicologia, antropologia e sociologia introduziu novas linhas de abordagem ao estudo do homem e de suas atividades em sociedade, e forneceu orientação adicional para a execução deste projeto".[12]

---

[11] Harry Elmer Barnes, *The new history and the social studies*, p. 15. No original: *"These new sciences are the science of life, or biology, the science of man, or anthropology, the science of mind, or psychology, the science of industrial relations or economics, the science of relation of man to his environment or anthropogeography, the science of group control or political science, and the science of social relations or sociology. Each of these sciences represents a new set of interests and there has grown up as the result a vital need for its type of information and analysis. Their spirit and tendencies have reacted upon history to give it a broader, sounder and more human content"*.

[12] Harry Elmer Barnes, "Recent developments in history", in: E. C. Hayes (org.), op. cit., p. 387. No original: *"The rise of psychology, anthropology and sociology have introduced new lines of approach to the study of man and his activities in society, and have furnished added guidance in the execution of this project"*.

Esse ambiente de renovação do campo de trabalho do estudioso da história deixou marcas indeléveis na formação de Freyre como analista social. Como já observado anteriormente, algumas das principais posturas teórico-metodológicas adotadas por Freyre em *Vida social* e em seus ensaios posteriores são tributárias das propostas esboçadas pela "New History". A opção por uma história do cotidiano em contraposição à dos grandes acontecimentos, a busca por entender o "como" em vez do "o quê" e o recurso ao conhecimento disponibilizado pelas demais ciências são traços da abordagem freyriana da história que remetem aos pressupostos ventilados por essa corrente de intelectuais que representou uma significativa viragem nas ciências humanas nos Estados Unidos nos anos 1910-1920.

São esses novos pressupostos que vemos ressoar já em *Vida social*, obra na qual anúncios de escravos à venda e de escravos fugidos nos jornais brasileiros são apresentados por Freyre com a finalidade de mostrar a mestiçagem da população brasileira. O autor demonstra o alto grau desse processo, dentre outras formas, através das variadas denominações encontradas nos anúncios: "mulatas", "pardos", "acobreados", "fulos" e "cabras".[13] A miscigenação, tema que ocupa lugar central em *Casa-grande & senzala* e na produção intelectual de Freyre como um todo, já é pensada por ele em *Vida social*: "A miscigenação campeava já desbragadamente. Muita mistura era de brasileiros brancos com gentes de cor. De europeus com ameríndios. De portugueses com negras".[14] Traço que para Freyre seria marcante na formação histórica brasileira, a tendência do português para a miscigenação – ideia que é detidamente desenvolvida em *Casa-grande & senzala* – merece uma rápida menção em *Vida social*. Ao avaliar a presença dos colonos europeus no sul do Brasil, Freyre sentencia que eles eram brancos que, "ao contrário dos portugueses, não se misturaram logo, nem facilmente, com gentes de cor".[15]

A contraposição entre a alegria do negro e a apatia do indígena, comparação presente em *Casa-grande & senzala*, é também esboçada

---

[13] Gilberto Freyre, *Vida social no Brasil nos meados do século XIX*. 3ª edição, Recife: Massangana, 1985, p. 59.

[14] Idem, p. 58.

[15] Idem, p. 59.

em *Vida social* de forma semelhante, baseando-se em depoimento do viajante Alfred Russel Wallace.[16] Ancorando-se ainda em seu relato, Freyre também sugere a atmosfera idílica do cotidiano dos escravos no Brasil, pontuando que "Alfred Russel Wallace – abolicionista – encontrou escravos numa plantação de cana-de-açúcar que visitou no Norte do Brasil 'felizes como crianças'. Acrescenta ele: 'Não têm preocupações nem necessidades, são tratados com solicitude na doença e na velhice, os filhos nunca são separados das mães [...]'".[17] Em seu livro, o viajante britânico finaliza sua descrição, concluindo pela excepcionalidade dessa situação harmoniosa em que viviam os escravos daquela plantação de cana que visitou: "Do mero ponto de vista físico, poder-se ia dizer que o escravo daqui vive melhor que muitos cidadãos livres. Este, contudo, é um caso absolutamente particular."[18] Curioso, no entanto, que essa continuação reflexiva do viajante não seja comentada por Freyre.[19] Nesse ponto, é digno de nota que já em *Vida social* Freyre aponta para a suposta benignidade dos senhores no tratamento dos escravos: "Na verdade, a escravidão no Brasil agrário-patriarcal pouco teve de cruel".[20] Declaração que o autor justifica comparando a vida dos operários ingleses no mesmo período à dos escravos das minas na América espanhola e nas plantações da América inglesa com as condições de vida da população escrava no Brasil.[21]

É preciso destacar que a noção de patriarcalismo arquitetada por Freyre leva-o a tecer análises que possibilitam a ele construir um cenário de convivência harmoniosa entre os dois mundos: o dos senhores e o dos escravos. O patriarcalismo da classe senhorial seria doce por possuir elementos católicos, diferentes da dureza do sistema de valores

---

[16] Ibidem.

[17] Idem, p. 80.

[18] Alfred Russel Wallace, *Viagens pelos rios Amazonas e Negro*. São Paulo/Belo Horizonte: USP/Itatiaia, 1979, p. 83.

[19] Para uma análise mais detida dos modos através dos quais Freyre interpretou os textos de viajantes estrangeiros para caracterizar a escravidão no Brasil, ver o capítulo 2 de Gustavo Tuna de *Viagens e viajantes em Gilberto Freyre*, Campinas, dissertação de mestrado em História Cultural, Unicamp, 2003.

[20] Gilberto Freyre, *Vida social no Brasil nos meados do século XIX*, p. 78.

[21] Idem, p. 78-80.

protestantes. As santas casas e misercórdias são caracterizadas por Freyre como instituições "patriarcais e cristãs", por serem abertas a todos os que a procuravam.[22] É importante notar que, na tradução para o português de *Social life*, Freyre matiza a predominância desse patriarcalismo brasileiro agrário e cristão em sua "expressão mais simpática" em todo o território brasileiro.[23] Ele pondera, observando que ele pode não ter sido "situação dominante em todos os engenhos e em todas as fazendas do Império na época aqui considerada".[24]

A preparação do texto executada por Freyre para a primeira edição em língua portuguesa de seu trabalho de mestrado foi além de uma mera revisão. Foram adicionadas muitas colocações em relação ao original. Ao reescrever o texto em inglês para a sua publicação no Brasil, Freyre procurou relativizar as teses da benignidade da escravidão e da proeminência do patriarcalismo em todas as regiões do Brasil defendidas no texto original. O sociólogo mostrava-se, assim, alerta em relação à recepção de seu trabalho e aos fortes questionamentos que ele recebia. No entanto, sua posição pessoal de enfatizar, em seu ponto de vista, aqueles que teriam sido os traços dominantes de uma época permanece inabalável. No prefácio à terceira edição de *Vida social*, ele reafirma a perenidade de sua análise ao advertir que, se o passado brasileiro não foi estritamente patriarcal, é inegável que ele tenha sido "predominantemente patriarcal".[25]

O peso da religião católica no cotidiano de todas as esferas da sociedade é também abordado por Freyre em seu trabalho de mestrado. Com contornos semelhantes à abordagem posteriormente empreendida em *Casa-grande & senzala*, o catolicismo é considerado elemento central e atuante na vida social no Brasil de meados do século XIX. Freyre retrata a presença intensa da religião em todas as fases da vida: dos meninos que eram estimulados a serem coroinhas nas missas de domingo, das meninas que eram enviadas aos 14, 15 anos de idade para o estudo

---

[22] Idem, p. 125.

[23] Idem, p. 82.

[24] Ibidem.

[25] Idem, p. 11.

em internatos religiosos, das sinhás que devotamente conservavam em seus lares belos oratórios, da tradição de se construir e bem conservar uma capela em todo engenho, do cuidado dispensado nas cerimônias de sepultamento dos mortos.

A forte presença europeia nos modos de vida das elites brasileiras é esboçada em *Vida social* e seria longamente desenvolvida em *Sobrados e mucambos*. Freyre descreve a preferência das elites pelas encenações teatrais de peças líricas europeias, pelo gosto tipicamente inglês de tomar chá, pela adoção do *turf* inglês como opção de divertimento e pela presença da cultura livresca francesa e inglesa nos meios intelectuais. Nesse ponto, confere destacado relevo à revolução que a presença inglesa representou para o progresso material brasileiro nos meados do século XIX. A vinda de técnicos e de engenheiros ingleses para o país possibilitou a construção de engenhos a vapor e das primeiras estradas de ferro. As marcas da presença britânica no Brasil seriam o cerne de seu *Ingleses no Brasil*, de 1948.[26]

A reedição de *Vida social no Brasil nos meados do século XIX* oferece a oportunidade aos interessados em questões relacionadas ao pensamento social brasileiro de acompanhar as ideias de um dos maiores intelectuais brasileiros em estágio de maturação. Encontram--se esboçadas neste estudo de Freyre suas primeiras considerações a respeito de aspectos basilares da formação brasileira, como a miscigenação, a escravidão africana, a forte presença da religião católica no cotidiano da população em geral e a concentração do poder econômico nas mãos de uma elite.

De maneira renovadora, Freyre aborda traços constituintes da sociedade brasileira nos anos 1850. Munido de uma formação acadêmica norte-americana muito singular, ele ensaia os primeiros passos que o levariam à concepção de obras que visaram compreender o país e que tiveram imenso impacto na historiografia brasileira. Adepto da interdisciplinaridade, Freyre já se apresenta em *Vida social* como um intelectual comprometido com a tarefa de romper as fronteiras do conhecimento. Dessa maneira, mostram-se presentes no livro investidas do jovem

---

[26] Gilberto Freyre, *Ingleses no Brasil: aspectos da influência britânica sobre a vida, a paisagem e a cultura do Brasil.* Rio de Janeiro: Livraria José Olympio Editora, 1948.

pernambucano sobre os mais diversos assuntos: economia, religião, alimentação, saúde, meio ambiente, higiene pública, avanços tecnológicos etc. Interessado em tirar o melhor proveito do que os diversos campos do conhecimento tinham a lhe oferecer, Freyre concebeu seu primeiro texto de fôlego a respeito do Brasil com os olhos atentos sobre os papéis desempenhados pelos diferentes agentes e circunstâncias históricas, interpretando-as com a firme certeza de que o trabalho de investigação do analista social é um trabalho de cooperação, que exige a abertura interdisciplinar necessária ao justo enfrentamento de questões que residem nas raízes de nossa formação e a posterior construção de modelos explicativos.

GUSTAVO HENRIQUE TUNA

É doutor em História Social pela Universidade de São Paulo e mestre em História Cultural pela Universidade Estadual de Campinas, onde defendeu em 2003 a dissertação *Viagens e viajantes em Gilberto Freyre*. É autor de *Gilberto Freyre: entre tradição & ruptura* (São Paulo: Cone Sul, 2000), premiado na categoria ensaio do III Festival Universitário de Literatura, promovido pela Xerox do Brasil e pela revista *Livro Aberto*. Também é autor das notas ao livro autobiográfico de Gilberto Freyre *De menino a homem* (São Paulo: Global, 2010), vencedor na categoria Biografia do Prêmio Jabuti 2011. Atualmente, é responsável, como gerente editorial, pelas obras de Gilberto Freyre publicadas pela Global Editora, tendo revisado as notas bibliográficas e elaborado os índices remissivos e onomásticos de cinco livros de Freyre publicados pela mesma editora: *Casa-grande & senzala*, *Sobrados e mucambos*, *Ordem e progresso*, *Nordeste* e *Insurgências e ressurgências atuais*.

Tradução do prefácio
à edição em língua inglesa,
ampliada pelo autor

O presente ensaio, que aparece em português revisto pelo autor, é uma tentativa da parte de um brasileiro para conhecer o Brasil nos meados do século XIX em sua vida quanto possível íntima; ou – para usar das palavras de Walter Pater, quando lhe perguntavam por que estudava história – "para saber como vivia o povo, que trajos usava, que aparência tinha". Principalmente para isto: para saber como viviam no Brasil dos meados do século XIX os avós e bisavós de um brasileiro de hoje.

Inspira-se em lúcida caracterização dos Goncourt do que seja história íntima: "*l'histoire intime; c'est ce roman vrai que la posterité appelera peut-être l'histoire humaine*". Inspiração que lhe vem de suas leituras de adolescente daqueles dois escritores – escritores e historiadores – franceses: os irmãos Goncourt.

A preparação deste ensaio começou, de certo modo, inconscientemente, quando, ainda menino, costumava o autor fazer perguntas à avó materna – dona Francisca Barradas da Cunha Teixeira de Mello – sobre os "bons tempos antigos". Na família, era ela a única pessoa que admitia, então, que os tempos antigos tinham sido bons. Todos os outros pareciam ser "futuristas" ou "pós-impressionistas" de uma ou de outra espécie.

Ouviu o autor, quando menino, relatos sobre o passado íntimo da sua gente, de outras pessoas, então de idade tão avançada que algumas, embora de todo lúcidas, já falavam com voz tremida e, quando andavam, já arrastavam tristonhamente os pés, como Dona Maria Rabelo de Oliveira. Também a viúva Augusto de Carvalho. O próprio Augusto Ferreira de Carvalho, irmão de Thomaz Ferreira de Carvalho, que desde os meados do século XIX até as últimas décadas do século, distinguiu-se como um dos príncipes do comércio do Recife; e por cuja iniciativa viera ainda jovem para o Brasil, para ser governante de sua família – era casado com descendentes de alemães – a alemã dona Elizabeth; a qual se tornaria, anos depois, já casada com o sueco abrasileirado Hermann Lundgren – fundador da indústria de tecidos que dominaria com seus produtos quase todo o mercado brasileiro – milionária, enquanto os descendentes de Thomaz de Carvalho declinaram de tal modo na escala econômica, a ponto de alguns deles – Alfredo de Carvalho, por exemplo – para poderem comer, na velhice de fidalgos arruinados, o queijo do reino e a passa a que se haviam habituado nos dias de esplendor, terem precisado de vender móveis e livros raros, pratas e joias da família. De velhos menos ilustres ouviu o autor na meninice muitas estórias e algumas histórias – estórias de fadas, de princesas e de bichos e história de gente brasileira. Impossível deixar de referir-se à preta velha Felicidade (Dadade), antiga escrava da família Cunha Teixeira e até ao fim dos seus dias afeiçoada aos descendentes dos velhos senhores, há anos mortos; e muito estimada pelos seus ioiozinhos mais novos precisamente pelas suas evocações, uma ou outra vez, amargas – quase sempre saudosas – do passado familial.

Estudando, como aluno de universidade estrangeira – e depois de ter seguido, em seus estudos pós-graduados, isto é, de Mestrado e Doutorado, de Ciências Políticas, Jurídicas e Sociais, um curso do professor Sir Alfred Zimmern, da Universidade de Oxford, sobre a sociologia da escravidão na Grécia: uma Grécia de senhores e de escravos –, a época de seus avós e bisavós, dela se aproximou o autor não para lhe tecer louvores ou lhe fazer censuras, mas, tão somente, para experimentar a alegria de procurar compreendê-la; de procurar compreender uma ordem social já desfeita, embora ainda influente sobre o *ethos* brasileiro. Simplesmente para isto: para compreender o passado da sua própria gente.

A tarefa que teve de realizar foi mais difícil do que imaginava. Foi forçado a lutar contra os preconceitos e as prevenções dos relatos convencionalmente históricos, tantos deles desprovidos de senso crítico, embora não faltem, sobre o período em apreço, páginas de historiadores-sociólogos verdadeiramente magistrais e notáveis por suas virtudes – inclusive o senso crítico: Joaquim Nabuco, Capistrano, Oliveira Lima. Para reinterpretar aquela época já distante, utilizou--se, principalmente, o autor, de MSS, de litogravuras, de livros de viagem, de diários, de jornais da época: de fontes, muito mais do que de material subsidiário que, mesmo de alta qualidade, poderia lhe deformar a visão direta e nova da realidade, objeto do seu estudo quanto possível livre de preconceitos: inclusive o preconceito aboli-cionista que se projetou de modo tão forte sobre aquela realidade.

Voltou-se para alguns dos estrangeiros, que então visitaram o Brasil, como para os mais seguros de todos os observadores e críticos sociais do período – período de que quase sempre se têm ocupado os brasileiros, uns apenas para glorificar valores desaparecidos, outros para sumariamente condená-los. Raramente com justo ou equilibrado espírito de crítica e puro gosto ou afã de compreensão. Note-se que nos testemunhos de estrangeiros idôneos apoiou-se o autor para a sua visão do regímen de trabalho escravo como particularmente benigno, devendo-se o fato atribuir à predominante miscigenação como corretivo aos extremos de antagonismos entre senhores e escravos.

O material de que precisava foi encontrá-lo, o autor, em grande parte, na Hispano-Americana do dr. Oliveira Lima, na Universidade Católica de Washington, D.C.; na Biblioteca Pública de Nova York e na Biblioteca do Congresso dos Estados Unidos. Principalmente em suas seções de livros raros, de documentos e de manuscritos. Os da Biblioteca do Congresso lhe foram franqueados pelos professores Robertson e Jones.

A Biblioteca do dr. Oliveira Lima – provavelmente, no gênero, a mais selecionada da América ou da Europa – não havia sido ainda franqueada ao público, quando dela se serviu o autor do ensaio que se segue, tendo sido, assim, o primeiro investigador a utilizá-la. Honra que deve à bondade do eminente autor de *Dom João VI no Brasil*.

Alguns dos fatos recordados no presente ensaio foram colhidos de remanescentes da velha ordem, entre os quais a Senhora Richard Rundle, de Nova York, que viveu quando menina no Rio de Janeiro imperial: foi iaiazinha brasileira antes de tornar-se anciã vitorianamente anglo-saxônica, embora sempre saudosa do Brasil de Pedro II. A descrição da vida do estudante, nos meados do século XIX, baseia-se, em parte, em informações, também orais, do dr. João Vicente Costa, velho brasileiro de Pernambuco, com quem muito conversou o autor, quando ainda menino, sobre o assunto.

Note-se ainda do autor de *Social Life in Brazil in the Middle of the 19th Century* que, ao escrever este seu ensaio, desconhecia de todo depoimentos sobre costumes e estilos de vida brasileiros da época, como o de L. L. Vauthier sobre tipos de habitação; e as memórias do seu parente Félix Cavalcanti de Albuquerque, para cuja publicação viria a concorrer. O prefácio à edição em língua inglesa é agora publicado, como o texto, com alguns acréscimos pelo autor.

Universidade de Columbia, 1922
Santo Antônio de Apipucos, 1963
G. F.

Prefácio à 1ª edição
em língua portuguesa

É com alguma emoção que o autor do ensaio *Social Life in Brazil in the Middle of the 19th Century* – trabalho universitário de adolescência, escrito em língua inglesa e à sombra da Universidade de Columbia, no já remoto ano de 1922 – acaba de relê-lo, na esmerada versão portuguesa realizada pelo professor Waldemar Valente; e que o Instituto Joaquim Nabuco de Pesquisas Sociais decidiu publicar – primeira publicação do mesmo trabalho em língua portuguesa e no Brasil – como iniciativa da sua seção de História Social e do então Diretor do Instituto, o professor Mauro Mota.

Mais do que estudo de História Social é aquele trabalho de adolescente, ensaio um tanto *a la* Goncourt – tal o seu modo realista e, ao mesmo tempo, romântico, nunca, porém, novelesco – de ser História Íntima. Tentativa de reconstituição de alguns aspectos menos ostensivamente públicos e menos brilhantemente oficiais, nem por isto, menos sociológica e psicologicamente significativos, do viver em família – inclusive o quase secreto viver das alcovas, das cozinhas, das relações entre iaiás e mucamas, entre mucamas e ioiozinhos, entre pais e filhos já estudantes – dos brasileiros daquela época, ainda de esplendor patriarcal.

Romântico ele é por não lhe faltar um pouco daquela simpatia pelo passado em que os "louvores dos tempos idos", desde os Românticos, tanto se extremam. Mas essa simpatia moderada pelo sentido de realismo, talvez às vezes cru, com que vêm sugeridos, em numerosas páginas, aspectos nada honrosos para os princípios de higiene seguidos pelos nossos avós e pelos nossos bisavós; e que caracterizava aquele viver em alcovas escuras e às vezes úmidas; que impregnava de desasseio a atividade das escravas pretas nas cozinhas de sobrados, várias dessas cozinhas instaladas em sótãos aonde a água era levada penosamente pelos moleques; que fazia do transporte do excremento das casas senhoris, para as praias, um escândalo de imundície. Tampouco deixam de aparecer referências a aspectos menos agradáveis da convivência humana nos dias brasileiros de família patriarcal e de trabalho escravo.

Reaparece o velho ensaio, agora em tradução portuguesa, revisto pelo autor; e num ou noutro ponto alterado em pormenores de super-fície, nunca em matéria que modifique sua estrutura ou sua substância. Alterações, quase todas, de forma; e visando maior clareza de expressões, maior nitidez de palavra, mais exata caracterização de fatos considerados significativos. Daí vários acréscimos da parte do autor.

Reconhece o autor, num esforço de autocrítica relativamente fácil de ser feito por indivíduo de idade já provecta com relação a trabalho de adolescência, que o seu ensaio de 1922 escreveu-o quase de um ponto de vista único e este – admite – personalíssimo: o de um neto ou bisneto que procurasse reconstituir parte da vida mais íntima vivida pelos seus avós e pelos seus bisavós, uns na meninice, outros na idade já madura. Mas procurando nessa vida de uns poucos o que fosse típico do viver, em dado instante do desenvolvimento do Brasil, de Colônia em Império – os meados do século XIX –, de um grande número de brasileiros: de toda uma casta senhoril e em grande parte branca – e quase branca – organizada em vasto sistema patriarcal, impregnado de religiosidade cristã. Sistema sobre que se apoiavam a economia, a cultura, a ética de uma população que dificilmente podia ser considerada povo. Uma população, em grande parte, de extremos: de senhores e escravos.

O ensaio que agora surge, em língua portuguesa, com o título de *Vida social no Brasil nos meados do século XIX*, apareceu em língua inglesa há quarenta anos. Estava então em moda dizer-se da História que o seu valor, para o homem moderno, estaria em poder ser Sociologia ou Psicologia ou Economia aplicada ao passado. Isto – Ciência aplicada ao passado – talvez seja um pouco aquele ensaio, escrito por quem era então estudante de Ciências Políticas, Jurídicas e Sociais na Universidade de Columbia; e discípulo do antropólogo Boas, do sociólogo Giddings, do jurista Munro, do economista Seligman, do historiador social Carlton Hayes. Mas o que porventura há, no velho ensaio, de projeção da ciência que vinha sendo tão adquirida pelo autor, de mestres tão insignes e em universidade de tanto renome, não se extrema nunca em cientificismo. É o que o autor hoje verifica com maior alegria, ao ler trabalho escrito em idade ainda tão verde: não o turva nenhum cientificismo, embora só o pudesse, talvez, ter realizado quem juntasse à sensibilidade ao passado da sua própria gente formação rigorosamente científica em universidades estrangeiras.

Não consegue o autor furtar-se à tentação, ao reler trabalho tão remoto como o que ainda adolescente se aventurou a escrever há quarenta anos, em língua inglesa e a que deu o título de *Social Life in Brazil in the Middle of the 19th Century*, de procurar surpreender nas páginas do tênue opúsculo universitário – traduzido para a língua portuguesa pelo professor Waldemar Valente – sugestões de que se desenvolveram nele, autor, com o tempo e com a experiência, outras preocupações e outros modos de considerar a formação e o *ethos* da sua gente: a brasileira. Pois algumas dessas sugestões estão presentes, bem ou mal desenvolvidas, em alguns dos livros que, já plenamente adulto, vem escrevendo sobre o mesmo assunto.

Apareceram então, pioneiramente, tendo provocado um interesse que surpreendeu o estreante. Esse interesse, quer da parte de mestres acadêmicos – do professor Clarence H. Haring, por exemplo, professor da Universidade de Harvard e *scholar* de formação oxoniana, que, no ano em que foi escrito *Social Life in Brazil in the Middle of the 19th Century*, se achava na Universidade de Columbia, como substituto do professor William Shepherd – a quem o autor deve principalmente a recomendação para o *scholarship* que lhe permitiu iniciar seus estudos naquela universidade; do professor Percy A. Martin, da Universidade de

Stanford; do professor Alexander Robertson, de Washington, do naqueles dias professor Oliveira Lima, da Pontifícia Universidade Católica, também de Washington –, quer da parte de críticos inacadêmicos e até antiacadêmicos: Henry L. Mencken, por exemplo: João Lúcio de Azevedo, Antônio Tôrres. No Brasil, o mesmo ensaio não teria – é certo – a menor repercussão; mas a verdade é que poucos seriam os exemplares que aqui chegariam, devendo-se também notar que era bem menor do que hoje, naqueles dias, o número de brasileiros conhecedores da língua inglesa. Era para muitos uma língua mais associada a técnicas e a esportes do que a letras e a ciências.

Por outro lado, os anos que se seguiram ao regresso do autor, do estrangeiro – dos Estados Unidos se transferiria para a Europa, onde seus estudos seriam principalmente os antropológicos em museus especializados; e orientados, de Columbia, pelo professor Franz Boas –, foram para ele de quase acédia; de desinteresse quase mórbido por seus estudos realizados no estrangeiro e absurdos, alguns deles, para o Brasil daquela época – um Brasil talvez mais convencional e, no mau sentido, mais suburbano, que o de hoje; de esforço de reintegração simplesmente pessoal no meio brasileiro. Esforço que implicou, por algum tempo, repúdio, pelo nativo de volta à sua aldeia, às suas ligações com as universidades ou cidades universitárias estrangeiras com que estivera em contato. Com Columbia. Com Oxford. Com a Sorbonne. Daí seu desprezo pelo opúsculo escrito em inglês ter sido igual ao desinteresse que pelo mesmo ostentaram os então secretários dos Institutos Históricos – o Brasileiro e o Pernambucano – a quem foram oferecidos pelo autor exemplares do ensaio, por sugestão de seu mestre e amigo Oliveira Lima.

Era um trabalho de jovem que talvez devesse ter merecido alguma atenção da parte daqueles já provectos brasileiros. Não mereceu nenhuma. Eles parece terem enxergado no livreco apenas literatice; e essa, em língua inglesa, que desconheciam. Era um trabalho – devem ter raciocinado – que, para ser histórico, apresentava-se paupérrimo em suas citações de datas e de nomes próprios; e a que faltava, por outro lado, para ser considerado tentativa de interpretação sociológica de história, um mínimo de solenidades nas citações de sociólogos, dentre os então conhecidos no Brasil. Sendo assim, como poderia um trabalho tão diferente dos convencionais ser tomado a sério em sodalícios então dominados por intelectuais tão caturras? Se o ensaio merecera a aprovação de mestres universitários nos Estados Unidos isto não surpreendia. Um dos caturras, quase imitando certo personagem de Eça, chegou a perguntar certa vez ao autor: "Mas existem mesmo universidades de alta categoria intelectual nos Estados Unidos?". A ideia predominante entre muitos dos intelectuais brasileiros da época, a respeito daquele país, era ainda sumária. Admitiam apenas o brasileiro que tivesse, em escolas dos Estados Unidos – ou antes, em suas oficinas –, estudado Engenharia, Mecânica, Agricultura. Donde o autor raramente se ter confessado, naqueles dias, aos seus compatriotas, indivíduo de formação universitária que estudara, nos Estados Unidos, Ciências Políticas, Jurídicas, Sociais. Que recebera lições de juristas como John Bassett Moore, de sociólogos como Giddings, de economistas como Seligman, de antropólogos como Boas, de helenistas como Zimmern – este, de Oxford. Ou que não havia estudado com anglo-saxões nem Engenharia nem Mecânica nem Agricultura, porém Ciências Políticas, inclusive algumas Jurídicas e várias Sociais. Entre as Sociais, a Antropologia Cultural e a História Social. Entre as Políticas, a Economia. Entre as Jurídicas, a Diplomacia e o Direto Internacional.

Foram esses estudos na Universidade de Columbia que o levaram – numa época em que a grande universidade estava ainda quente da presença, entre seus mestres, de Charles A. Beard, o autor de *Economic Interpretation of the Constitution*, e conservava, entre seus catedráticos, um mestre de Sociologia como Giddings, um professor de Economia como Seligman, juristas do saber de John Basset Moore e de Munro – a interessar-se não só pela interpretação econômica como pela interpretação sociológica do passado humano; e não só pela chamada *"economic data"* como pelas *"histories of every day life"*, que para ele, desde então, passaram a constituir parte considerável não só da Antropologia como da História Social.

Estava-se na Universidade de Columbia, nos dias do autor de *Social Life in Brazil in the Middle of the 19th Century*, aluno graduado da sua Faculdade de Ciências Políticas – Políticas, Jurídicas e Sociais –, sob o impacto da renovação intelectual que ficaria conhecida por "New History". Segundo a "New History" – nisto semelhante à renovação de estudos histórico-sociais que vinha sendo empreendida na França por Marc Bloch e seria continuada por vários dos seus discípulos, um deles o hoje Mestre Fernand Braudel – ao estudo do passado humano fazia-se necessário aplicar critérios diferentes dos convencionais – isto é, dos cronológicos, dos concentrados apenas nos estudos dos fatos políticos e guerreiros. Esses critérios novos sugeriram-nos os avanços em Psicologia, em Antropologia, em Economia, em Sociologia, em Geografia, em Ciências Políticas e Jurídicas, na própria Biologia.

Havia, é certo, o perigo de um generalismo que, em vez de corrigir excessos de especialismo, conduzisse o estudo do passado humano ao excesso oposto. Mas havia também um possível meio--termo entre tais excessos. Não fora através desse meio-termo que Beard escrevera sua logo clássica *Economic Interpretation of the Constitution?* E que Turner traçara sua também logo clássica *The Significance of the Frontier in American History?* Que Thomas e Znaniecki produziram sua monumental *The Polish Peasant in Europe and America* (1920)? Que D. H. Kulp traçou sua *Country Life in South China* (1925), Robert S. Lynd e Helen M. Lynd, seu *Middleton* (1929), e G. T. Robinson sua *Rural Russia Under the Old Regime* (1932)? Que Thurman Arnold veio a escrever o seu *The Folklore of Capitalism* (1938), Max Radin, o seu *The Manners and Morals of Business* (1939), e Hortense Powdermaker, *After Freedom: a Cultural Study in the Deep South* (1939)?

O que se firmou, naqueles dias, na Universidade de Columbia, foi principalmente isto: a consciência de ser necessário a estudos mais profundos do passado humano que os convencionais, o critério cultural – "*cultural approach*" – que os libertasse de várias convenções, inclusive duas, importantíssimas; a etnocêntrica e a de se separarem arbitrariamente, no estudo de uma sociedade, aspectos especiais do seu comportamento, para análises inteiramente isoladas, através de um especialismo pseudocientífico. Tal libertação verificou-se, em grande parte, através da Antropologia Cultural. Como sugere a professora Caroline F. Ware, na introdução à obra coletiva *The Cultural Approach to History* (1940), o estudo de sociedades primitivas – grupos, de ordinário, pequenos – permitiu ao cientista social especializado em Antropologia antecipar-se aos demais cientistas sociais na realização de pesquisas sociais – e histórico-sociais – em que as culturas analisadas passaram a ser consideradas como todos ou complexos, para que fossem, assim, compreendidos os aspectos particulares dessas culturas; e também como culturas válidas em relação a si próprias – aos seus próprios valores – e não aos do sistema ocidental de cultura a que estivesse passivamente ligado o analista.

À base de estudos antropológico-culturais é que, em vários dos mais recentes estudos sociais, vêm sendo considerados como que gestaltianamente os complexos socioculturais que constituem uma cultura contemporânea; ou que caracterizaram uma época dessa cultura, quando cultura já histórica. Daí serem falhos, para quantos seguem semelhante critério, os estudos econômicos, por exemplo, ou políticos, ou sociológicos, a que falte o sentido como que gestaltiano da configuração total da sociedade, da economia, do tipo de governo considerado; o conhecimento das origens e do desenvolvimento dessa economia, dessa sociedade ou desse tipo de governo.

O autor de *Social Life in Brazil in the Middle of the 19th Century* – agora *Vida social no Brasil nos meados do século XIX* – ao reler hoje esse seu trabalho de extrema juventude (1922), muito se regozija com o fato de que nele madruga, pioneiramente, um critério gestaltiano de interpretação sociológica de uma época do passado social brasileiro, que, como critério de reconstituição e de interpretação de um momento histórico em que se considere o aspecto intimamente sexual desse momento, talvez não se encontre, tão específico, em nenhum trabalho anterior ao seu, publicado em qualquer língua. Esse critério ele o desenvolveria no seu "Vida social no Nordeste brasileiro (1825-1925): aspectos de um século de transição", publicado em 1925 na obra coletiva, comemorativa do 1º centenário do *Diário de Pernambuco*; e nos seus trabalhos, porventura mais sistemáticos, além de mais densos do que esses, *Casa-grande & senzala, Sobrados e mucambos* e *Ordem e progresso*.

É um critério que se inspira na "New History", sem dúvida, e que se apoia, em grande parte, nos estudos de Antropologia do autor com o professor Franz Boas, na Universidade de Columbia; e nos seus contatos, em Oxford, com os então recentes estudos de História Social e, sobretudo, de Antropologia Cultural, empreendidos por ingleses e em Paris, em seu convívio com o sábio Lucien Febvre. Mas não deixa de ter suas originalidades: uma delas, o modo de vir descendo o autor de tal modo à reconstituição do comportamento íntimo dos grupos que vem procurando analisar – reconstituição histórica, reconstituição antropológica, interpretação psicossocial – que alguns críticos anglo--saxônicos, ainda impregnados, ao que parece, de moralismo vitoriano, têm dito do autor que não faz história social, e sim história sexual. Ao que um crítico brasileiro acrescentaria não serem os trabalhos do autor de *Casa-grande & senzala* nem de Sociologia, nem de História, nem de Antropologia, nem de Literatura, e sim pura e simplesmente de Pornografia. Tal tendência – a tendência se não para a chamada pornografia, para a consideração insistente do fator sexual na for-mação da sociedade e do *ethos* brasileiros – veio a acentuar-se, é fato, em *Casa-grande & senzala* e em *Sobrados e mucambos*; mas já se esboça em *Social Life in Brazil in the Middle of the 19th Century* (*Vida social no Brasil nos meados do século XIX*).

Talvez já se tenha tornado evidente, do autor que, no seu modo complexo – antropológico ao mesmo tempo que histórico-social – de vir versando os seus temas, não vem imitando, como já sugeriu outro crítico brasileiro, os Lynd; nem qualquer outro autor estrangeiro, embora de vários tenha assimilado sugestões e aproveitado estímu-los. Os Lynd apareceram em 1929. O autor de *Social Life in Brazil in the Middle of the 19th Century* (*Vida social no Brasil nos meados do século XIX*) em 1922 já bem ou mal arranhava aqueles temas, servindo-se pioneiramente de critérios e de técnicas de que viria a utilizar-se menos desajeitadamente – talvez – em 1925 e, com alguma amplitude e alguma repercussão, em 1933, em obra da qual se diria na Europa e nas Américas que poderia servir de modelo a estudos europeus e americanos de um novo e necessário tipo. Entre essas técnicas, a de reunir o analista sobre as épocas que vem procurando reconstituir, para as interpretar, todo o documentário litográfico e fotográfico que lhe tem sido possível reunir sobre pessoas, sobre casas, sobre móveis, sobre paisagens, sobre veículos socialmente e culturalmente significativos. Iniciou-a o autor precisamente em 1922, ao preparar o seu ensaio em língua inglesa sobre os meados do século XIX no Brasil. Com o maior prazer veria tal método de integrar-se o analista no ambiente característico de uma época, consagrado, alguns anos depois, pela ilustre *American Historical Association*. A qual, ao publicar em 1940 o seu *The Cultural Aproach to History*, como que oficializaria a utilização científica de daguerreótipos, de litografias e de fotografias não só para a ilustração como, principalmente, para a preparação de estudos histórico-sociais. Consideraria a mesma Associação tal utilização, pelas palavras dos professores Roy E. Stryker e Paul Johnstone, de *"as yet unrealized potentialities"*; e destacaria o valor da captura, por meio da fotografia documental, de *"important but fugitive items in the social scene"*. Pois *"documentary photographs... can interpret the human and particularly the inarticulate elements"*. Principalmente quando nos lembramos que *"every culture creates its own landscape"*. Não só cada cultura cria sua paisagem – suscetível de ser documentada por fotografias: cria também seus tipos de móvel, de homem, de mulher, de criança, de interior doméstico, de veículo, também suscetíveis de ser documentados em litografias, daguerreótipos e fotografias de valor antropológico-cultural e histórico-social. O autor de *Social Life in Brazil in the Middle of the 19th Century* impregnou-se o mais possível de sugestões da época captadas através desta espécie de material: daguerreótipos e litografias.

Fazendo-o, talvez tenha se afastado um tanto, aos olhos dos mais ortodoxos cientificistas dos estudos sociais daquela época, da disciplina da formação científica. Essa disciplina, ele a adquiriu em centro sofisticadamente cosmopolita como a Universidade de Columbia. Mas antecipando-se aos mesmos ortodoxos quanto aos rumos que tomariam os estudos desse caráter, quer naquele, quer noutros meios de formação rigorosamente universitária de cientistas sociais.

Pois o que agora se diz nesses meios – é de 16 de fevereiro de 1963 um artigo no *The Times Educational Supplement*, de Londres, sobre o assunto – é justamente isto: que enquanto *"the scientific method, which weighs evidence and deduces general conclusions"*... *"is appropriately applied to what one might call the outward form of history"*... *"its inner content"... "the rhythm and purpose which gives the relationship between historical events an organic unity, these can be only understood through the imaginative or intuitive faculty".* Louvor da metodologia de que o autor de *Social Life in Brazil in the Middle of 19th Century* foi o primeiro.

Foi o que procurou, dentro dos seus limites, o autor, em trabalho de estudante ainda adolescente, que agora reaparece sem que o tempo o tenha tornado de todo arcaico: compreender um momento significativo do passado mais que social, íntimo, da gente brasileira, descendo tanto quanto lhe foi então possível descer, pela ciência com o auxílio da intuição, ao *"inner content"* desse passado; ao ritmo que lhe pareceu então ligar os fatos reunidos, através de pesquisas em fontes da época, num conjunto vivamente orgânico.

Relendo o leitor mais pachorrento, com alguma atenção, trabalho já tão remoto como é o ensaio agora intitulado *Vida social no Brasil nos meados do século XIX*, talvez concorde com o autor em que em suas páginas se encontra o gérmen de toda uma série de estudos que bem ou mal – provavelmente mal – vieram a ser por eles realizados, dos trinta aos sessenta anos: *Casa-grande & senzala, Sobrados e mucambos, Nordeste, Ingleses no Brasil, Um engenheiro francês no Brasil, Ordem e progresso*. Em gérmen também estava durante algum tempo o até hoje inacabado *Jazigos e covas rasas*, em que o autor se pretendeu reconstituir e interpretar, sob o mesmo critério sociológico e antropológico seguido naqueles ensaios, o conjunto de ritos de sepultamento de mortos, característicos tanto da convivência como da hierarquia patriarcais do Brasil.

Foi assim aquele trabalho do jovem – na verdade, de adolescente – a antecipação de várias das produções em que se empenharia o homem já feito, como se cumprisse um programa por ele próprio traçado nos seus dias de simples universitário. Antecipação não só daquelas produções, especificamente consideradas: também de todo um conjunto de métodos que se desenvolveriam, com algum pioneirismo, naqueles e noutros trabalhos.

Entre esses métodos, além da utilização – como já foi recordado – de daguerreótipos, litogravuras, fotografias da época estudada, isto é, das sugestões evocativas e das informações de caráter antropológico, e não apenas relativas a pormenores estritamente históricos, que essa espécie de material é capaz de transmitir ao pesquisador – a utilização de jornais e de revistas, inclusive dos seus anúncios; a utilização, também, de depoimentos de sobreviventes idôneos da época evocada, interrogados, ouvidos e consultados pelo mesmo pesquisador. De vários sobreviventes. Portadores, portanto, de várias verdades, e não de uma só; ou de vários modos de contar ou de evocar ou de comentar a verdade por eles experimentada, vista e sentida na meninice ou na mocidade. A verdade ainda verde ou ainda crua: antes de se tornar, amadurecida e tratada por uma arte ou ciência semelhante à da culinária, verdade histórica.

Ao mesmo tempo, certo modo como que impressionista, de tentativa de reconstituição do passado mais íntimo e até mais sexual do brasileiro – modo tornado possível pela atitude empática do autor com relação aos fatos e, principalmente, ao elemento humano, uns e outros evocados mais com alguma saudade dos antepassados do que com sistemática repugnância pelo antigo só por ser antigo – já está presente no agora intitulado *Vida social no Brasil nos meados do século XIX*. Presente e à espera de ser desenvolvido.

Não supõe o autor que o tenha levado a conceber, ainda adolescente, um ensaio como *Social Life in Brazil in the Middle of the 19th Century* – agora *Vida social no Brasil nos meados do século XIX* – um ânimo mais forte que o introspectivo. Ou que o de análise de si mesmo: o de encontrar-se a si mesmo nos seus avós, nos seus antepassados, nos brasileiros de uma época anterior à sua e à dos seus pais. A tanto acredita que o levaram, ao mesmo tempo que a leitura de Montaigne e de Pater – o Walter Pater, autor dessa pequena obra-prima, que tanto impressionou a adolescência do autor, intitulada *The Child in the House* – os estudos de Antropologia alongados nos de Psicologia; e alongados também na leitura daqueles místicos espanhóis, lidos também na adolescência, e dos quais continuaria adepto.

Antes de Proust, já Walter Pater comunicara ao autor de *Social Life in the Middle of the 19th Century* o gosto pela recaptura daquele tempo que o indivíduo, pela extensão da memória individual em memória familial e até tribal ou nacional, pudesse surpreender *"almost still"*; e no qual encontrasse suas origens mais íntimas com uma melhor percepção daquilo que um intérprete do mesmo Pater, o professor A. C. Benson, chamaria o contraste – ao mesmo tempo que a semelhança – entre o que somos e o que fomos: *"What we are and what we have become with what we were and what we might have been"*. Isto também: o que poderíamos ter sido. Especulações psicológicas sobre o que o indivíduo que se analisa, projetando essa análise sobre o passado da sua gente, poderia ter sido se outro tivesse sido o ambiente da sua meninice; e se outros tivessem sido os ritos sociais de sua formação; e outra, também, sua herança não só física como cultural, dos avós ou dos antepassados.

O autor inclui entre os acréscimos à edição em língua portuguesa de *Social Life in Brazil in the Middle of the 19th Century* – agora *Vida social no Brasil nos meados do século XIX* – referência a observações em que o engenheiro e arquiteto francês L. L. Vauthier procurou dar a leitores europeus, em artigo escrito nos meados do século XIX para *Revue de l'Architecture et les Travaux Publics*, de Paris, ideia exata do que fossem, do ponto de vista arquitetônico, quer uma casa-grande, quer um sobrado brasileiro daqueles dias. Sinal de que encontrara na arquitetura doméstica do Brasil alguma coisa de original e de característico.

O autor adverte que as observações de Vauthier, quer sobre a arquitetura dos sobrados, quer dos engenhos, contidas não só naquele seu artigo, como no seu diário, eram por ele totalmente desconhecidas – pois ignorava então a existência, tanto do artigo como do diário, cujo MS lhe seria anos depois oferecido pelo historiador Paulo Prado, que o descobrira em Paris. Ignorava-os quando escreveu não só o seu trabalho de adolescência universitária, agora reeditado, como quando elaborou, tendo o mesmo trabalho por base, ainda que remota, os seus ensaios *Casa-grande & senzala* e *Sobrados e mucambos*. Só viria a conhecer aquele artigo de Vathier no decorrer de suas pesquisas, posteriores à elaboração daqueles dois livros, sobre o mesmo Vauthier e a sua ação de engenheiro e de arquiteto no Brasil. Ação que tendo se iniciado na década de 1840, com a presença daquele técnico francês no Império brasileiro, prolongou-se durante anos, através dos contatos que Vauthier continuou a manter, por correspondência, com o Brasil e com os acontecimentos brasileiros.

Desconhecidos, também, do autor, quer na sua mocidade de universitário, quer quando escreveu os ensaios já referidos, era outro diário precioso relativo, em várias de suas passagens, ao passado patriarcal mais íntimo do Brasil: o deixado pelo seu parente Félix Cavalcanti de Albuquerque.

O autor deve também insistir nesta edição brasileira do seu trabalho de universitário que, para escrevê-lo, se socorreu exclusivamente – dentro dos rigores de técnica característicos de teses e de dissertações universitárias – de fontes da época, explicando-se assim o fato de não citar – a não ser, de raspão, Joaquim Nabuco, Oliveira Lima e Carlos de Laet e, nem mesmo de raspão, Capistrano de Abreu – escritores que se ocuparam retrospectivamente de fatos, costumes e personalidades brasileiras dos meados do século XIX; e de não ter chegado a tomar conhecimento, no estrangeiro, de ensaios, então recentes, como os, aliás, admiráveis, sobre o passado brasileiro sociologicamente considerado, dos seus eminentes compatriotas Gilberto Amado e Oliveira Viana.

A publicação em língua portuguesa de ensaio escrito há quarenta anos em língua inglesa, repete o autor que muito o alegra. Seus agradecimentos se estendem principalmente ao erudito e paciente tradutor, o antropólogo Waldemar Valente. Mas também ao antigo diretor do Instituto Joaquim Nabuco de Pesquisas Sociais, o geógrafo Mauro Mota, a quem se deve a iniciativa da publicação de tão bem realizada tradução.

Deve-se acentuar que a edição em língua portuguesa de *Vida social no Brasil nos meados do século XIX*, revista pelo autor, aparece com acréscimos que pormenorizam ou ampliam informes aparecidos no texto em língua inglesa.

Santo Antônio de Apipucos, 1963
G. F.

Prefácio à 2ª edição em língua portuguesa

Este livro aparecido em língua inglesa em dias remotos, quando o autor, em terra estranha, mal saía da adolescência, marca o início de sua identificação com o Brasil. Identificação que, com o tempo, só tem feito aprofundar-se.

Talvez ninguém, de sua geração intelectual, sem ter seguido a diplomacia como profissão ou carreira, tenha vivido tanto no estrangeiro. Tão em contato com outras gentes. Mas repetindo a sua primeira volta ao Brasil depois de estudos universitários nos Estados Unidos e na Europa. Isto é, sempre voltando ao seu país de origem. E nesses contatos, para ele tão estimulantes, tão proveitosos, tão valiosos, invariavelmente insistindo em assimilar saberes que adaptasse ao Brasil, por vezes recriando-os nas suas perspectivas e até nas suas abordagens a diferentes aspectos da condição humana. Insistindo em procurar comparar situações e experiências brasileiras com as de outros países, para melhor compreensão do que tem sido específico, particular, diferente na nossa formação. Diferente, sem que a experiência brasileira, tal como vem procurando vê-la, analisá-la, interpretá-la, deixe de concorrer para melhor compreensão daquela condição ampla: a humana. Ou pan-humana. A do homem situado que, podendo ser o situado no trópico, como é a do brasileiro e a de povos afins do brasileiro, pode ser caracterizada ou condicionada por outras ecologias. A do homem de origem hispânica ou ibérica – a quem se juntariam influências de sangues não europeus e de culturas extraeuropeias – sem que o estudo de sua experiência em terras diferentes das suas deva excluir o de europeus de outras origens em contatos com terras também exóticas. Daí o alcance pan-humano que críticos estrangeiros vêm encontrando em livros que vêm se sucedendo ao madrugador *Vida social no Brasil nos meados do século XIX*.

Madrugador por ter aparecido tão cedo na vida do autor: quando jovem de vinte e dois anos. Madrugador – a caracterização é de alguém que tendo lido pela primeira vez *Vida social no Brasil nos meados do século XIX* entendeu de articulá-lo com alguns dos livros posteriores do autor, nos quais havia ampliações, continuações, aprofundamentos desse primeiro livro – por ter abordado, desde dias tão remotos, acontecimentos soltos no tempo, mais nas suas inter-relações de passados com presentes e futuros, do que nas suas rígidas sequências cronológicas. Donde historiadores, como o ilustre professor Boxer, da Inglaterra, não lhe perdoarem essas suas liberdades, mas outros, como o francês Roland Barthes, as exaltarem.

Madrugador, também, por nele terem surgido antecipações de não poucas das ideias e de não poucos dos métodos de análise e de interpretação em que vem porventura se aprofundando nas suas indagações em torno do Homem como ser social e como ente além de histórico, ecológico. Entre essas antecipações, a consideração do impacto do sexo sobre a formação de uma sociedade: consideração que ainda há pouco, a propósito de nova edição por Gallimard da tradução francesa do livro *Casa-grande & senzala*, um crítico francês destacava como pioneirismo brasileiro. Como pioneirismo brasileiro – já presente em *Vida social no Brasil nos meados do século XIX* – é o método interdisciplinar na consideração de assunto social. Pioneirismo brasileiro – também presente no mesmo livro – a utilização sistemática de anúncios de jornais em história ou antropologia.

Por tais motivos, o autor se regozija com a iniciativa de lançar-se a segunda edição deste livro de jovem, ao alcance dos jovens brasileiros de hoje. Pois é – diga-se desde já – como se fosse um encontro de irmão mais velho com irmãos mais moços. O sentimento que anima o autor de livro escrito nos seus verdes anos, ao concordar com sua nova edição em língua portuguesa, é o de rejubilar-se com o que em livro tão antigo continua atual. Portanto com o que nesse livro foi antecipação às perspectivas dominantes na época em que apareceu. Essas antecipações, entre sugestões que possivelmente terão envelhecido, é que tornam a nova edição oportuna. Porque através delas, antecipações, um autor já velho encontra-se com leitores jovens e até adolescentes, em termos de compreensão de ideais para que a nova edição de um livro resulte vivamente oportuna.

Observe-se de *Vida social no Brasil nos meados do século XIX* ter nele surgido, como inovação, o uso, em elaboração de tese universitária, de testemunhos orais de avós e de pessoas idosas conhecidas do autor como idôneas. Sabe-se que atualmente é largo o crédito que se concede a testemunhos dessa espécie. Mas há meio século a situação era diferente. História oral era estória. Corria o risco de ser fantasia, mito, desvario de memória a que não se devia conceder atenção. Com a crescente importância que se atribui às memórias nacionais, vem se valorizando quanto se possa acrescentar, a essas memórias, de informes recolhidos de sobreviventes de épocas já desfeitas, quando indivíduos idôneos para darem seus testemunhos. O autor de *Vida social no Brasil nos meados do século XIX* recorreu a essa fonte de informação, quer histórica, quer sociológica, valendo-se de quanto recolhera dentro da sua própria família, de sobreviventes de um tempo social anterior ao seu. Não se afirma que seja esta uma fonte de informação sempre absolutamente exata. Ou infalível em toda a sua extensão ou abrangência. Mas que outra fonte o será? O documento? O escrito? O impresso? O que é preciso é que informações de qualquer espécie – mesmo as oferecidas por documentos solenemente oficiais – sejam submetidas a uns como advogados do diabo que as ponham em dúvida, do ponto de vista de sua probabilidade psicossocial sobreposta às suas próprias evidências como documentos: como história escrita ou já impressa.

Aqueles testemunhos orais foram, ao que parece, pela primeira vez reunidos e utilizados sistematicamente pelo autor de *Vida social* em livro com pretensões a objetivo no seu modo de ser sociologia da história ou, por vezes, da antropologia. Que testemunhos, na verdade, mais idôneos, acerca das relações entre senhores e escravos, entre brancos e gentes de cor, entre europeus e não europeus, que os depoimentos de estrangeiros desvinculados de compromissos ou de interesses com o sistema socioeconômico em vigor no Brasil patriarcal e escravocrático? Diante desse Brasil, tão presente na formação dos Brasis que o vêm sucedendo, continua a ser mais de retórica do que de crítica ou de análise objetivamente sociológica ou histórica a atitude daqueles adeptos de ideologias já arcaicas na sua pureza supostamente de todo científica, que buscam adaptar situações social ou historicamente concretas ao que essas situações deveriam ter sido segundo essas suas ideologias. Ideologias sob a forma de devoções.

O autor se regozija com o fato de, ainda muito jovem, ter reunido tais testemunhos de observadores estrangeiros e apresentado uma visão da situação predominante – admitidas exceções consideráveis a tal predominância, naquele Brasil patriarcal e escravocrático, de casas-grandes e senzalas, e de sobrados e mucambos, nem todos do mesmo tipo nem tão iguais nas suas substâncias quanto semelhantes nas suas formas: formas no sentido simmelianamente sociológico. Mas – reconheça-se – casas e sobrados patriarcais não todos eles de senhores que vivessem da exploração cruamente inumana do trabalho de escravos: também, muitos deles, desde os seus começos, povoados por crescente número de mestiços que, filhos de uniões de pais brancos e com mulheres de cor, passaram a ser nova presença na população brasileira. Descendentes de extremos sobre os quais a atração sexual – diga-se mesmo, o amor por vezes romântico e não apenas sexual – entre contrários, evidentemente agiu no sentido de reduzir antagonismos sociais e culturais. O que não significa negar-se a existência atuante e influente – os retóricos diriam nefasta e desumana – de tais antagonismos. O que se sugere é terem eles sofrido notável amolecimento através da ação, por sua vez, nada insignificante, daquela mestiçagem que lançou pontes entre casas-grandes e senzalas, entre sobrados e mucambos. Pontes entre etnias e pontes entre culturas. Pontes que tornaram possíveis novas expressões inter-raciais e vantajosas – para um sistema nacional, quer de convivência, quer de cultura – combinações interculturais.

De onde, a despeito daqueles antagonismos e até de sadismos de indivíduos por vezes cruamente opressores, e de masoquismos de indivíduos por vezes duramente oprimidos, ter, no Brasil patriarcal e escravocrático, começado a paradoxalmente desenvolver-se, à sombra do próprio regímen de trabalho escravo, aquela aproximação entre indivíduos aparentemente só contrários que viria a constituir-se, nos nossos dias, numa crescente expressão de morenidade brasileira, quer biológica, quer sociológica, e numa também crescente afirmação de um tipo metarracial, quer de sociedade, quer de cultura, com as origens étnicas dos indivíduos – ou mesmos das classes e até das etnias – cada vez valendo menos para os brasileiros: para a sua identificação. Para caracterização de identidade além da nacionalmente brasileira. Situação especificamente brasileira que nem sempre se deixa compreender por sociólogos, historiadores ou antropólogos estrangeiros daquela espécie a que falta, com o saber científico, sensibilidade a não europeísmos biossociais. Aquela sensibilidade que, entretanto, vem caracterizando a atitude para com a situação brasileira de ingleses como Toynbee, de franceses como Lucien Febvre e Roger Bastide, de norte-americanos como Roy Nash e Frank Tannenbaum, para só falar nesses. Nesses, por assim dizer, já clássicos nos seus testemunhos, sobre o Brasil, de homens de alto saber voltados para o caso brasileiro, depois de já familiarizados com outras situações étnico-sociais ou étnico-culturais, quer antigas, quer contemporâneas.

Igualmente compreensivos do que há, ou tem havido, de específico, na situação histórico-social, ou antropológica, do Brasil, se vêm mostrando os principais analistas e intérpretes estrangeiros dessa situação, dentre os autores mais recentes de livros idôneos. Um Eugene D. Genovese, por exemplo, nos seus *The World the Slaveholders Made* e *The Political Economy of Slavery*, em que analisa e interpreta tais assuntos sob critério marxista. Mas um critério dinamicamente marxista: antes pós-marxista que marxista. Tanto que chega por vezes a discordar dos seus um tanto estagnados, em seu doutrinarismo, correligionários brasileiros, para concordar, com relação à sociedade patriarcal e escravocrática do Brasil, com o autor não só de *Vida social no Brasil nos meados do século XIX* como de estudos em que se prolongariam e porventura se aprofundariam os iniciados nesse livro de extrema juventude.

Num ponto mostra o professor Genovese não ter compreendido bem a perspectiva aberta para o aspecto pan-brasileiro que assumiu o sistema patriarcal e escravocrático de família e economia pelo autor de *Vida social* em livros nos quais este se prolongaria; a generalidade transregional das formas características desse sistema e sua adaptação a substâncias regionais diversas: açúcar, café, gado e algodão.

Idôneo se mostra também o professor Degler, no seu excelente *Neither black nor white*, agora editado em português – *Nem preto, nem branco* – pela Labor do Brasil, S.A., como livro de bolso. Se há livros estrangeiros sobre o assunto que devam ser destacados como, ao mesmo tempo, compreensivos e objetivos sobre o assunto são os desses dois autores. Um deles, note-se que é marxista. Mas – repita-se – antes pós-marxistas que marxista dos hoje retoricamente presos ao que foi "verdade" para um Marx decerto genial porém restrito, na sua visão de antagonismos sociais, ao seu conhecimento da Europa burguesa, a seu modo capitalista e apenas carbonífera, da sua época. Ignorante do que já então surgia no mundo de extraeuropeu. Uma extraeuropeidade que se acentuaria no século atual, projetando-se, de modo renovador, sobre a própria Europa étnica, social e cultural.

Comentando o livro do professor Degler, escreveu há pouco – em 30 de setembro de 1976 –, nos *Associados*, o jornalista, sempre atual nos seus conhecimentos, Marco Aurélio de Alcântara, ter o sociólogo anglo-americano reconhecido o papel do autor de *Vida social no Brasil nos meados do século XIX* na "valorização social do negro no Brasil", ao sugerir o mesmo sociólogo estrangeiro ter o nosso país resolvido o problema racial através da miscigenação. Acrescentando "antes dele começar a escrever... muitos intelectuais brasileiros envergonhavam-se da mistura racial do seu povo... quase que sozinho ele mudou essa forma de pensar".

É certo que o jornalista brasileiro, talvez sugestionado por "brasilianistas" anglo-americanos – dos tão atordoados pela situação brasileira de paz racial em contraste com a de seu país, que se inclinam atualmente a considerar essa paz transitória –, pergunta se não estaria ocorrendo no Brasil de hoje o que alguns observadores da realidade brasileira identificam como "uma segregação racial de ordem econômica". Isto é, "à medida que aumenta o nível de renda média da população brasileira, as populações de cor não estariam se marginalizando... sob a forma de um *apartheid* econômico"? A interrogação, se fosse reduzida a afirmativa, teria sabor simplistamente paleomarxista. Pois deixaria de incluir entre populações brasileiras de cor as várias camadas de mestiços quadrarões e oitavões, em crescente ascensão socioeconômica, com os nordestinos dessas categorias africanoides cada vez mais participantes dos surtos socioeconômicos do Centro-Sul, para onde vêm emigrando em número considerável. É preciso que não se resvale, no assunto, na ingênua demagogia de Edward Kennedy, ao notar que, nos públicos universitários com que se defrontou no Brasil, era evidente a pouca presença de "gentes de cor". Por gentes de cor queria dizer apenas negros puramente pretos e mulatos dos mais escuros. Deixava de tomar em consideração o fato importantíssimo de que há quatro séculos opera, no Brasil, o processo de miscigenação, criando aqueles muitos tipos, já quase metarraciais, de mestiços que são, de ordinário, quadrarões e oitavões, além de mulatos. Ignorância do plutocrático demagogo Robert Kennedy – depois de morto, seguido neste particular, por brasileiros menos conhecedores do seu próprio país – de elementar antropologia e de rudimentar sociologia.

Note-se que de tal modo metarracial já é hoje o brasileiro – de tal modo indiferente à sua exata origem ou condição étnica – que são muitos os que, opinando sobre assuntos raciais, não se consideram portadores do sangue negro neles evidente aos olhos de qualquer antropólogo. Não se consideram o que em países de formação nórdica, nos quais haja populações de origem não europeia, se conhece por "*coloured*" (nos Estados Unidos e na União Sul-africana, por exemplo).

Nem todos, porém. Ainda há pouco, o ilustre governador do Estado de Pernambuco, de quem toda a gente sabe ser descendente da melhor nobreza rural brasileira e em quem todos igualmente enxergam um moreno no puro sentido de "*brunet*", declarou, em praça pública, ser moreno/negroide: branco com sangue negro. Declaração honrosa para esse homem público e líder político. Pode-se, entretanto, dizer que pronunciamentos dessa espécie são raros pois sob a palavra *moreno* nenhum brasileiro atual precisa, ou sente a necessidade de especificar que espécie de moreno é. O fato social – e a morenidade é hoje no Brasil um fato social – dispensa especificações bioantropológicas.

Volte-se a considerar a numerosa emigração, há anos, de jovens e eugênicos nordestinos morenos, para o Centro-Sul, onde vem sendo rápida sua ascensão socioeconômica (e não sua marginalização). Que espécie de morenos são eles? É pergunta para a qual há resposta científica que o autor deste prefácio supõe ter sido o primeiro a comentar no Brasil: em ensaio "O brasileiro como tipo nacional de Homem situado no Trópico", publicado na *Revista Brasileira de Cultura*, do Conselho Federal de Cultura (Rio de Janeiro), nº 6, de outubro-dezembro de 1970. A resposta científica àquela pergunta é a que nos dão os geneticistas D. F. Roberts e R. W. Hiorns, no seu trabalho *Methods of analysis of a hybrid population*, aparecido no vol. 37, nº 1 (1965), de *Human Biology*. Estudando em São Paulo o nordestino miscigenado que ali tem chegado em número considerável nos últimos decênios, chegaram à conclusão de que o típico se apresenta como sendo, na sua composição étnica, 65% europeu, 25% africano, 9% ameríndio. Não constitui ele uma expressão de raça brasileira. Mas é decerto uma antecipação daquela crescente metarraça ou além-raça, que, no nosso país – segundo sugestão do autor deste prefácio –, vem substituindo no brasileiro a consciência de pertencer a esta ou àquela definida condição étnica. E ser uma superação de conceito, para ele, brasileiro típico, já arcaico. Ultrapassado. Sem validade nem expressividade.

O avanço da miscigenação, transbordando do muito miscigenado Nordeste, para o agora mais miscigenado que outrora – através da miscigenação já realizada no Nordeste e produtora de um tipo crescentemente estético, além de crescentemente eugênico, de moreno segundo a concepção brasileira de morenidade – Sul do país, é fenômeno de que vamos encontrar as raízes no Brasil patriarcal e escravocrático. No Brasil social dos meados do século XIX.

Note-se que, em *Vida social no Brasil nos meados do século XIX*, já madruga também o empenho do autor, como historiador social ou antropólogo cultural ou sociólogo, ainda principiante, e em particular, como escritor e talvez pensador, de maneira geral, em juntar, em suas evocações de figuras típicas do tempo social de que procura fixar traços característicos, ao homem patriarcal ou senhorial daquela época, a mulher, o menino, o escravo. Isto é, figuras menos senhoriais porém não menos significativas para a definição de uma sociedade surpreendida, como foi a intenção do autor com relação à patriarcal e escravocrática do Brasil, num dos seus momentos decisivos ou expressivos: os meados do século XIX. Meados e não datas específicas: aí já se definindo o que ao professor Charles Boxer viria a parecer um defeito de precisão cronológica em futuros ensaios do autor de *Vida social no Brasil nos meados do século XIX*. É que já esse autor se aproximava do seu futuro conceito de tempo tríbio, em oposição, pelo que nesse conceito é flexivelmente psicossocial, do convencionalmente histórico-cronológico. Conceito novo de tempo cuja dimensão meta-cronológica escaparia aos de todo ligados à concepção rigidamente histórico-cronológica de tempo.

Talvez tenha sido *Vida social no Brasil nos meados do século XIX* o primeiro, na literatura brasileira ou na historiografia em língua portuguesa, em que se verificou, por nítido propósito de um autor, aquela alteração no foco de imagens apresentadas como típicas de um tempo social, deixando-se de dar exclusiva atenção ao homem dominador para distribuir-se essa atenção por dominados significativos para a compreensão de um tempo social ou para a interpretação de uma sociedade ou de uma cultura, por mais patriarcal, por mais masculina ou por mais escravocrática em suas predominâncias. Emerge já desse livro, escrito – recorde-se mais uma vez – em língua inglesa na extrema mocidade do autor, o que depois emergiria de modo mais ostensivo de suas obras mais adultas: a ideia de não ser intelectualmente justo evocar-se um tempo social, atribuindo-se atenção exclusiva às suas predominâncias, isto é, sem se dispensar atenção aos elementos social e culturalmente dominados. O retrato que se traça em *Vida social no Brasil nos meados do século XIX* do mesmo brasileiro de então representa uma primeira reivindicação, na matéria, da parte de um autor que teria assim surgido, nos estudos mais que sociais brasileiros, na própria literatura mais que brasileira dedicada aos valores humanos, um tanto contrário a convenções estabelecidas e como que disposto a inovar rompendo com normas consagradas de óptica histórica ou de visualização sociológica daqueles valores: os humanos dentro dos hierarquicamente sociais. Posição, essa sua, ostensiva desde o seu *Casa-grande & senzala*; e que, salientada há anos por Blaise Cendrars, acaba de ser destacada por lúcido marxista brasileiro: o professor e mais que antropólogo brasileiro Darcy Ribeiro, em longo e notável prefácio à recém-aparecida edição venezuelana do mesmo *Casa-grande & senzala*.

Talvez esteja aí um dos traços que dão a livro tão da mocidade do autor o direito de ser, no meio século depois de aparecido, reeditado e, já em tradução na língua portuguesa, posto ao alcance de nova geração de jovens do seu país. Nele se anuncia toda uma futura atividade de escritor brasileiro em que, ao gosto pela tradição, ao prazer do jovem em recolher testemunhos de avós e de idosos não só sobre a formação da gente brasileira em geral como, autobiograficamente, de si próprio, em particular – à procura de identidade pessoal e, ao mesmo tempo, da nacional – se acrescenta seu modo, já um tanto audacioso e até próprio, de realizar um indivíduo essa procura, misturando a métodos então moderníssimos de indagação e de pesquisa outros como que de própria invenção; ou clássicos e revividos para se adaptarem a circunstâncias ou situações especificamente brasileiras. Inclusive suas seminovelas.

Tese universitária, recorde-se mais uma vez que foi o ensaio ao surgir em língua inglesa na Universidade de Columbia. Tese universitária generosamente acolhida quer por mestres ortodoxamente acadêmicos como o oxoniano C. H. Haring, de Harvard e de Columbia, ou Percy Alvin Martin, de Stanford, ou como Joaquim de Carvalho, de Coimbra, ou como o brasileiro, grande senhor das letras, dentro e fora do seu país, Oliveira Lima, quer por extra-acadêmicos e até antiacadêmicos como o insigne português João Lúcio de Azevedo ou o então temível e temido, em todo o mundo literário de língua inglesa, Henry L. Mencken. Que disse Mencken ao então ainda quase adolescente autor? Que não expandisse a tese em dissertação doutoral: isso de torná-la coisa de Ph.D. – pensava ele – iria desnaturá-la. Artificializá--la. O Ph.-deísmo já então lhe parecia um perigo para a criatividade intelectual no seu grande país. Que expandisse, sim, mas em livro. Livro escrito inacademicamente. O que viria a realizar-se dez anos depois em língua portuguesa. No livro *Casa-grande & senzala*, seguido por vários outros sobre o assunto. Este foi o gérmen.

Surgira-se aqui, por antecipação, o que, de modo mais pormenorizado, vai ler-se mais adiante: uma tentativa de evocação das circunstâncias em que foi escrito em inglês o ensaio depois traduzido por Waldemar Valente para o português – um tanto ampliado em alguns pontos – e publicado como *Vida social no Brasil nos meados do século XIX*. O ambiente em que o trabalho foi concebido e escrito foi o da Universidade de Columbia no começo da década de vinte. As sugestões para a sua elaboração foram várias. O brasileiro mais consultado a esse respeito foi Manuel de Oliveira Lima, o admirável autor de um tanto história social e não apenas política *Dom João VI no Brasil*. O crítico extraordinariamente perceptivo que primeiro o leu e nele reconheceu originalidade digna de maior ampliação foi Henry L. Mencken. Os críticos e historiadores de língua portuguesa que primeiro o leram, concordando com Mencken, foram portugueses de Coimbra e de Lisboa.

Os meses que se seguiram imediatamente à publicação da tese universitária os passaria o autor já imaginando, por vezes, aquela ampliação, na França, em Oxford, na Alemanha, em Portugal. As influências mais fortes aí recebidas: a de Georges Sorel – anarcossindicalista, sociológo – a de Maurras – em tantos pontos, paradoxalmente afim de Maurras; modernistas de Paris em pintura e escultura; expressionistas alemães. Influências que marcariam, com outras, anteriores aos contatos europeus, as perspectivas do autor em Sociologia da História e da própria Antropologia. E que refletiram no livro, sob vários aspectos, continuação de *Vida social no Brasil nos meados do século XIX*, intitulado *Casa-grande & senzala*. E noutros ensaios do autor.

O autor, ao escrever *Vida social no Brasil nos meados do século XIX*, estudava Ciências Sociais, inclusive Jurídicas e Políticas, na Universidade de Columbia, orientado por alguns dos maiores mestres, em época de tanta renovação desses estudos, quer de Sociologia quer de História, quer de Direito quer de Antropologia: esta com Franz Boas. Sociologia com Franklin Giddings. História Social com Carlton Hayes e com C. H. Haring, este de Harvard e por algum tempo também de Columbia. E tão seu amigo.

Não lhe faltou a oportunidade de, na Cosmopolita Universidade de Columbia, seguir curso sobre a Grécia antiga – inclusive seu sistema patriarcal e escravocrático de sociedade – ministrado pelo professor

Zimmern, de Oxford. Como não lhe faltaram, como companheiros de estudos, jovens da inteligência do alemão Ruediger Bilden, do francês René Carrié e da equatoriana Pastorisa Flores, do norte-americano da Carolina do Sul, Francis Butler Simkins.

Simkins e Bilden, pelo contato com o colega brasileiro, se sentiriam atraídos pelo Brasil como matéria para estudos de interpretação ou de confronto, tendo ambos vindo de Columbia ao nosso país, no interesse desses seus estudos, embora contentes com o colega brasileiro no seu próprio país. Francis Butler Simkins, dos Butler chamado "velho do Sul" – gente tradicional –, dedicaria o seu primeiro livro, publicado depois de seus estudos na Universidade de Columbia, ao seu amigo brasileiro – dedicatória impressa – afirmando ter sido esse brasileiro quem o fizera compreender o passado social do seu próprio país. Especificamente, do sul dos Estados Unidos: sua região vencida na Guerra Civil pelo Norte industrial. Bilden iniciaria estudo densamente germânico do processo escravocrático característico do Brasil que, entretanto, por motivo de saúde, não concluíra.

Foram grandes dias na vida da Universidade de Columbia aqueles em que o autor de *Vida social no Brasil nos meados do século XIX* teve a ventura de ser seu estudante em nível de graduação e de pós-graduação. De mestrado e de doutorado. Não concluiria os estudos de doutorado. Pois foi a época em que sofreu o impacto da influência do depois seu amigo, o vulcânico meio nietzschiano Henry L. Mencken, que advertia a juventude contra as convenções, para ele esterilizantes da melhor criatividade intelectual, do Ph.-deísmo em começo de se tornar epidêmico nos Estados Unidos. Pelo que preferiu o autor de *Vida social no Brasil nos meados do século XIX* à conclusão daqueles estudos um ano de contatos livres e descomprometidos com a Europa: com Oxford e com Paris, principalmente, antes como observador a seu modo participante do que como total participante. Mas também – orientado por Franz Boas – com os museus de antropologia da Alemanha. Contatos que se estenderiam ao que seria, para o recém-graduado da Universidade de Columbia, proveitoso contato com o Museu Etnológico de Lisboa – então ainda dirigido pelo sábio Leite Vasconcelos – e com a Universidade de Coimbra. Em Coimbra, apresentado por Oliveira Lima, conheceria o jurista-historiador Paulo Merea, o poeta Eugênio de Castro, o escritor Silva Gaio, o filósofo Joaquim de Carvalho. Mais: frequentaria "repúblicas" e tascas, e não claustros severamente acadêmicos. Além do que, conheceria em Lisboa o Conde de Sabugosa e João Lúcio de Azevedo, cultores ilustres de uma para ele atraente história social – social e econômica – então quase sem expressão no Brasil.

Que verificaria o recém-graduado de Columbia através desses esclarecedores contatos europeus? Que a Universidade de Columbia com seus *visitings professors* franceses e ingleses lhe dera a vantagem de antecipá-los em meio aos contatos europeus – como então Columbia, onde não só renovações europeias como chegavam presenças orientais como a de Tagore. Onde se encontravam, mais do que em Oxford, ou em Paris, estudantes vindos das mais diferentes partes do mundo. Onde os estudos histórico-sociais atravessariam uma revolução – a da "New History", a da nova antropologia representada por Boas – talvez mais abrangentes do que as então já ativas na Europa, com a Alemanha e a Bélgica, ainda sob os efeitos desfavoráveis a atividades universitárias da Grande Guerra.

Não encontraria o mais que M. A. – com estudos também para o doutorado de Columbia, na Europa, mestre de antropologia inovadora que sobrepujasse em importância científica, Franz Boas, seu mestre em Columbia; ou de Sociologia, que ultrapassasse, como nova perspectiva sociológica, o também seu mestre Giddings; ou de Economia, C. G. Seligman, outro mestre de Columbia; ou em Direito Internacional, John Bassett Moore e Munro, cujos cursos jurídicos de pós-graduação seguiria na cosmopolita Universidade; ou em filosofia renovadora de normas, John Dewey, aliás na China, durante sua permanência nos Estados Unidos.

Verificaria, assim, em contato com uma Europa com a qual não tardaria em sentir serem maiores minhas afinidades do que com os Estados Unidos, que fora certa sua decisão de, depois de bacharelado na Universidade de Baylor – ótima, autêntica, típica Universidade de província –, realizar estudos de graduação e de pós-graduação, não em Harvard nem em Yale, mas na Universidade de Columbia. Pois, na época, é evidente que nenhuma universidade, nem nos Estados Unidos nem na Europa, reunia tão grandes mestres de várias ciências chamadas do

Homem. Nem punha um brasileiro em aventuroso contato com tantos e tão valiosos estímulos vindos de tão diferentes partes do mundo.

Aventuroso contato é a expressão justa. Ser estudante da Universidade de Columbia – que, nos nossos dias, chegaria a uma espécie de decadência sobriamente discreta – em época de tanta renovação – tendo a própria universidade como centro – de estudos científica e filosoficamente sociais – além dos literários – pode-se afirmar ter importado em aventura intelectual do melhor sabor. Aventura que incluía ser esse estudante quase condiscípulo de um Randolph Bourne. Quase condiscípulo de uma Ruth Benedict. Condiscípulo de Frank Tannenbaum. Condiscípulo de Margareth Fanner Mead. Discípulo de um Boas. Discípulo de um Giddings. Discípulo de um *Sir* Alfred Zimmern. Conviva de um Rabindranath Tagore. Conviva de uma Amy Lowell. Conviva de um Vachel Lindsay. Em contato com um Príncipe de Mônaco: oceanógrafo e também ele socialmente ecológico na sua visão das coisas dos mares. Em contato com William Butler Yeats, que tanto o impressionou e que lhe perguntou por sobrevivências celtas no Brasil.

A Universidade de Columbia proporcionou ao talvez primeiro brasileiro a se formar pela sua Faculdade de Ciências Políticas (inclusive Jurídicas e Sociais) valiosos contatos com europeus que deixaram marcas na sua formação. Ao mesmo tempo preparou-o para contatos igualmente valiosos – ou ainda mais valiosos – como europeus. Com Charles Maurras e com sua filosofia política paradoxalmente monarco--regionalista, por exemplo. Com jovens discípulos por algum tempo tão paradoxalmente afim de Maurras, o grande Georges Sorel, que tanta influência exercia sobre suas, desde então nada ortodoxas, perspectivas antropossociológicas. Com o orientalista Clement de Grandprey, que o recebeu em Versalhes como a um já discípulo e amigo, graças à generosa recomendação de Oliveira Lima. Com museus de antropologia dos que Boas tanto lhe recomendara visitar, dando, como dava, a maior importância ao contato com museus. Com então novíssimas expressões revolucionárias de arte como, em Paris, o Dadaísmo, Picasso, Foujita; em Munique e Berlim, com o Expressionismo na pintura, na escultura, no teatro, na literatura. Em algumas dessas iniciações teria por guia ideal o brasileiro afrancesado Vicente do Rego Monteiro, na época tão ligado ao japonês Foujita: tanto que adotara um modo foujitano de pintar. Em Portugal, acentue-se ter conhecido o poeta e *scholar* Eugênio de Castro que o recebeu magnificamente em Coimbra. O mesmo se recorde do escritor, tão coimbrão, Manuel da Silva Gaio e do pintor modernista Guilherme Felipe. Em Portugal também conheceria – acentue-se igualmente – o historiador Lúcio de Azevedo, o crítico Fidelino de Figueredo, o filósofo Joaquim de Carvalho. Seriam estes, repita-se, os primeiros mestres em língua portuguesa que leriam *Social life in Brazil in the Middle of the 19th Century*, do qual só em Lisboa recebi os primeiros exemplares publicados em Baltimore. Pouquíssimos exemplares. O grosso – cinquenta exemplares – extraviou-se para sempre.

Contatos todos marcantes para quem regressava da Europa ao Brasil, de onde saíra, ainda quase menino ou adolescente, homem não só feito como com alguns saberes universitários e uns tantos contatos humanos – norte-americanos e europeus – que poucos brasileiros da época teriam tão afluentes ou tão confluentes.

G. F.
set. 1977

Prefácio à 3ª edição em língua portuguesa

Mais um prefácio a livro de jovem mal saído da adolescência? Sim, porém breve. Breve e escrito por quem, ao lhe afastar o tempo, dessa juventude, ou dessa adolescência, tende a considerar, com certo carinho, o que, em dias tão verdes, foram antecipações a esforços de adulto já pleno. Antecipações que continuam a resistir ao tempo e a tentativas – algumas recentes – de contestações enfáticas.

Ao escrever tese universitária, em Universidade da importância da de Columbia daqueles dias – maior que a de hoje – tese em que o magistral antropólogo Roberto DaMatta talvez enxergue, com olhos atuais, evidência, no autor, de uma predisposição ao "sociólogo da saudade", posteriormente quase sempre nele nunca de todo ausente, cometeu audácia não pequena: ser, a meu modo, saudosista misto de modernista, em época e meio tão avassaladoramente e convencionalmente, progressistas. E encontrando aprovação de mestres, dentre os mais ilustres dos Estados Unidos daqueles dias, para as perspectivas que, sendo inovadoramente histórico-sociais, eram, mais do que isto, antropossociais. Pois o adolescente um tanto saudosista adotou, neste particular, atitude não de todo, em seu modo de evocar passados sociais, ortodoxa. Atitude que desenvolveria em obras posteriores.

Mais: atitude que lhe permitiu procurar ser, em dias tão remotos, pan-brasileiro, em vez de apenas nordestino – o Brasil regional de sua origem – no seu trato de um cronologicamente específico passado social do Brasil. Ponto em que, ainda agora – 1984 – ilustres mestres britânicos, Alan Bullock e R. B. Woodings, em obra de síntese de obras criativas de, para este mestre e sua equipe, importância universal, ao honrar o autor de *Vida social no Brasil nos meados do século XIX*, incluindo-o, pelo total de sua obra, entre tais autores, acusa-o de procurar ver o Brasil total através do Nordeste brasileiro. Essa obra britânica, recebi-a, ainda quente de nova, do excelente crítico que é José Guilherme Merquior – atualmente em Londres – atento ao fato de me ter descoberto entre os autores consagrados em síntese tão seletiva. Título dessa importante obra: *The Fontana Biographical Companion to Modern Thought*.

Creio que, desde *Vida social no Brasil nos meados do século XIX*, em minha perspectiva de passados sociais brasileiros, venho procurando alcançar o conjunto brasileiro, sem poder negar, desse conjunto, ter tido base importante do que foi, no Brasil, quer numa civilização à base da cana e fabrico e exportação do açúcar, quer em uma sociedade estável, em suas predominâncias iniciais, prolongadas em séculos imediatamente seguintes. Sociedade, nessas predominâncias, patriarcal e escravocrata.

Predominâncias – acentue-se neste novo prefácio – e não exclusividades. O que leva o autor a acentuar, neste prefácio, a obra de extrema mocidade, esse seu caráter? O seguinte: virem procurando certos quase contestadores da tese de tais predominâncias, apontando exceções, em passados sociais brasileiros, àquelas suas tendências maiores: as patriarcais escravocratas. Exceções – uma delas, Palmares – que houve. Mas como exceções a predominâncias. E sem deixar-se de considerar, na sociedade patriarcal caracteristicamente brasileira, a figura do escravo, a de mulher, a do menino, para exaltar-se o patriarca, o macho, o dono econômico do conjunto. Sem deixar-se de acentuar que a terra, nessa sociedade, patriarcal e escravocrata, era, no período considerado – meados do século XIX –, "propriedade de plantadores de café no Sul, de criadores de gado, nas províncias interiores e no Rio Grande do Sul, de senhores de engenho no Nordeste", com esses senhores de terras e de escravos representando "o poder econômico máximo". Mas já havendo "pequenos fazendeiros", entre os quais "muitos eram escravos de cor alforriados". Os brasileiros da, nos meados do século XIX, agrária e industrialmente estável província de Minas Gerais, estes já não pareciam descendentes dos descritos, por idôneo observador francês dos começos do século XIX, Saint-Hilaire, como nômades aventureiros, saídos de São Paulo. O que indica terem sido os meados do mesmo século reveladores de consolidações socialmente estabilizadas de uma sociedade agrária ou agropastoril, em áreas, em seus começos, de gente aventureira. Com o segundo Imperador parecendo simbolizar os triunfos dessas consolidações, lembra-se ter, nesses dias, o Nordeste canavieiro começado a transferir, para São Paulo cafeeiro, não só escravos já abrasileirados como outros valores expressivos de consolidações já realizadas pela mesma civilização canavieira.

Neste prefácio à 3ª edição de um trabalho de mocidade, impõem-se insistências, em face da persistência de umas poucas incompreensões, do que se deva entender por caracterização da sociedade brasileira, como, desde dias germinais até data não remota, patriarcal e, em resíduos, escravocrata, em suas predominâncias. Diante delas, deixam de ter fundamento, pretensões de reduzir-se a mito, fatos, desde sua primeira edição, sugeridos neste ensaio, quanto a tal caracterização. Tentativas que acabam de ressurgir, apontando-se exceções, a tais predominâncias, como se importassem no que crítico ilustre de conhecido semanário, em comentário a livro recém-aparecido – onde surge exceção desse gênero, colhida em episódio dos fins do século XVIII e meados do XIX – proclama, enfaticamente, do episódio magnificado emocionalmente, fazer cair por terra o mito de passado estritamente patriarcal (do Brasil): "faz cair por terra o mito de um passado estritamente patriarcal (do Brasil)".

"Estritamente patriarcal", sim. Mas "predominantemente patriarcal" – o fixado em *Vida social no Brasil nos meados do século XIX* – reafirme-se neste novo prefácio, a livro idoneamente resistente ao tempo, que não.

Gilberto Freyre, jul. 1984

Vida social no Brasil nos meados do século XIX

É lugar-comum a ideia de que os anos de 1848 a 1864 marcam, na formação do Brasil, uma era de paz e conformidade, e de decoro nos negócios públicos. O pesquisador menos político do que social desse período deixa-se impressionar por aspectos menos evidentes que a equilibrada situação das finanças públicas, e o lento, mas definido, progresso material. Entre esses aspectos, a ainda grosseira técnica de produção – do açúcar, por exemplo; a participação importante da religião em todas, ou quase todas, as fases da vida social; o desprezo, por toda a parte do Império, mesmo no Rio de Janeiro, pelas noções mais vulgares de higiene pública; o apego a tradições das quais o brasileiro não se envergonhava; a corrupção do clero – entre padres e mesmo entre frades; a falta de apurado gosto literário entre a gente média, seduzida principalmente pela retórica; a quase total ausência de pensamento crítico entre as *élites* intelectuais, empolgadas também – com notáveis exceções – por um verbalismo de feitio caturramente classicista, embora já viesse surgindo outro tipo de retórica: a romântica.

De 1848 a 1856, o Império progrediu em bem-estar econômico. O Código Comercial, posto em vigor em 1850, foi bom estímulo para as transações. Nesse caso, estava a lei que autorizava o Banco do Brasil a emitir papel-moeda, estendendo assim as facilidades de crédito.

As estatísticas mostram que o comércio estrangeiro – exportação de café, açúcar, algodão, peles, aguardente, jacarandá e chifres – aumentou mais de 100% entre 1849 e 1856. Ocorreu, assim, aumento tão impressionante precisamente na época considerada neste ensaio: os meados do século XIX.

De acordo com um observador estrangeiro, de 1850 a 1860, inclusive, os grandes empórios tropicais de café, açúcar, algodão e fumo atingiram um aumento de mais de 30%. Aumento, também considerável.[1]

As condições orçamentárias do período – expostas minuciosamente pelo Conde Augusto van der Straten-Ponthoz, em sua obra *Le Budget du Brésil* – refletem o equilíbrio da situação econômica geral, embora o modo de taxação não chegasse ao rigor da perfeição. Nem era possível que atingisse tal rigor, tratando-se de país tão vasto, em que as comunicações do litoral com os sertões, arcaicamente pastoris, eram comunicações precárias e difíceis.

Oliveira Lima diz que, por volta de 1860, o Império "tinha adquirido seu pleno vigor".[2] Isto após dez anos de paz doméstica e de desenvolvimento da produção agrícola e do comércio com o estrangeiro.

Mesmo assim, nas suas condições materiais e, até certo ponto, na sua vida social, a maioria dos brasileiros dos meados do século XIX situava-se na Idade Feudal. Havia, além disso, indígenas e negros, em número nada desprezível, cuja cultura era ainda a dos primitivos. Eram, nesse particular, os brasileiros – a maioria dos brasileiros – uma população arcaica em relação à da Europa Ocidental da mesma época.

Da *élite* grande parte vivia, ainda nos meados do século XIX no fim do século XVIII. Só uns tantos homens, entre os quais se incluía o próprio Imperador, e umas poucas mulheres, como Nísia Floresta, tinham conhecimento, dentre os brasileiros natos, da Europa de John Stuart Mill,

---

[1] FLETCHER, J. C. & KIDDER, D. P. *Brazil and the Brazilians.* Boston, 1879, p. 139.

[2] OLIVEIRA LIMA, Manoel de. *Machado de Assis et son oeuvre litteraire.* p. 41.

das saias rodadas, de *Sir* Charles Lyell, de George Sand, das carruagens inglesas de quatro rodas e de Pio IX. Isto é, participavam plenamente da cultura contemporânea. O que, sendo exato, significa que o Brasil dos meados do século XIX não era só constituído por vários Brasis, regionalmente diversos: também por vários e diversos Brasis quanto ao tempo ou à época vivida por diferentes grupos da população brasileira. Aos brasileiros natos em dia com a mais adiantada cultura europeia e anglo-americana da época, devem ser acrescentados os europeus – ingleses e franceses, principalmente, sem falar nos portugueses – que aqui viviam nos meados do século passado. Negociantes, engenheiros, técnicos, artistas, artesãos e mesmo intelectuais.

Politicamente, o tipo inglês de governo servia de modelo à oligarquia, cheia de melindres e mesmo sofisticada, que dirigia o país; e em cujo poder o austero Imperador, não raro, intrometia-se como prepotente polícia moral. Como o monarca mais do que constitucional reclamado pelas circunstâncias brasileiras da época e exigido pelas necessidades nacionais do tempo: as de um imperador que fosse um superpatriarca para grupos de população tão desiguais nos seus motivos de vida e nas suas formas de cultura. Exerceu, assim, Pedro II, a seu modo, o chamado "poder moderador", dando ao parlamentarismo que então se praticava no Brasil alguma coisa de sutil e peculiarmente brasileiro que parece ter sido o segredo do seu êxito.

Entre esses oligarcas, sutilezas e minúcias de teoria política – como "qual a natureza e quais os limites do poder moderador numa monarquia parlamentar?" – eram quase sempre discutidas. Contudo assuntos mais práticos ocupavam-lhes a atenção: melhor administração da justiça civil; construção de estradas de ferro; relações com as agitadas repúblicas de origem espanhola ao sul do Império; comércio de escravos. Vários deles eram estudiosos e levavam a sério suas responsabilidades de homens públicos e de líderes políticos do único Império do continente americano.

O Senado imperial foi, no meio do século XIX e nos primeiros anos da sua segunda metade, uma assembleia de espíritos brilhantes. Machado de Assis deixou-nos incisiva descrição do Senado que ele conheceu em 1860 – o Senado do velho Marquês de Itanhaém, do Visconde do Rio Branco, de Nabuco de Araújo, de Zacarias de

Góis – lugar onde os negócios públicos eram discutidos com sabedoria e de maneira elevada, embora às vezes cáustica; mas sempre com dignidade. Não raras vezes com um *humour* quase inglês ou com um *esprit* quase francês. Eram nos ingleses e nos franceses que principalmente se inspiravam os brasileiros mais sofisticados da época não só para a sua convivência elegante – o chá à inglesa era então no Brasil uma instituição já brasileira – para suas modas de senhora – várias as modistas francesas no Rio de Janeiro e no Recife – para seus esportes mais nobres – o *turf* à inglesa foi no Segundo Reinado o esporte por excelência dos fidalgos de Pedro II, tendo sido famosas nos meados do século XIX as corridas de cavalos – como para suas leituras literárias e políticas. Na música e na pintura é que os modelos seguidos eram de preferência os italianos e os alemães. Os anúncios de jornais da época indicam ter sido grande, nos meados do século XIX, a importação, para aqueles brasileiros mais sofisticados, de obras inglesas de literatura, de filosofia e principalmente de política, ao lado de também considerável importação da Inglaterra, da França, de Hamburgo, de artigos elegantes de uso pessoal, de móveis e espelhos para as salas aristocráticas ou burguesas, de alimentos, vinhos, cervejas e licores considerados finos e capazes de dar prestígio às mesas de casas de família que os ostentassem ou às de restaurantes ou hotéis que pudessem oferecê-los aos seus hóspedes. Aliás, vários desses hotéis e restaurantes mais elegantes foram, no Brasil da primeira metade do século XIX, de franceses e de ingleses.

Como no Sul *antebellum* dos Estados Unidos, as melhores inteligências do Brasil nos anos 1850 e 1860 dedicavam-se à política e à literatura, esta sanduichada entre a política e o jornalismo, como uma espécie de fatia, tênue e por vezes desenxabida, de substância de ordinário sem cheiro e sem gosto. Raros os trabalhos literários de algum valor que então surgiram no Brasil.

É verdade que, nos derradeiros anos da década de 1850, o Indianismo começou a aparecer; e não tardaria a afirmar-se em poemas de Gonçalves Dias e em romances de José de Alencar. Mas um Indianismo, o dos começos, em grande parte, postiço e um tanto mal-informado das coisas indígenas.

Note-se, entretanto, ter sido dos meados do século XIX brasileiro o poeta Antônio Peregrino Maciel Monteiro (Barão de Itamaracá), famoso também como galanteador: espécie de Don Juan de sobrecasaca que tivesse se especializado em cortejar baronesas do Segundo Reinado. Ficaram célebres os seus versos dedicados a uma Alves da Silva, de Pernambuco: "Formosa qual pincel em tela fina".

O pensamento crítico não possuía representantes na filosofia, na literatura e na religião que merecessem, pela sua repercussão nacional, maior apreço. Escritores políticos e jurídicos havia alguns: Zacarias de Góis, o Visconde de Uruguai, Braz Florentino e, nos últimos anos de 60, apareceria Tavares Bastos. Este se afirmaria, aliás, como renovador das letras políticas; um dos mestres brasileiros de todos os tempos nesse gênero de literatura do mesmo modo que Teixeira de Freitas se faria notar pelo seu gênio jurídico também renovador.

Na década de 1870 Pernambuco veria surgir, à sombra de sua Faculdade de Direito, já transferida de Olinda para o Recife, agitado grupo de "jovens intelectuais", uns, simples rebeldes, outros, renovadores, a dar, além de pitoresco, novos rumos e novas perspectivas à cultura brasileira. Agindo sob a inspiração de sua própria juventude, revoltada contra o conservantismo dos mais velhos, dominadores absolutos das letras jurídicas e filosóficas nos meados do século XIX, trariam para a cultura nacional influências europeias novas, ainda que mal-assimiladas. Nos meados do século, as vozes desses revoltados eram ainda as de meninos que apenas aprendessem a falar como gente grande, embora já houvesse então, isolados e sem repercussão nacional, um crítico social da importância de A. P. de Figueiredo e um jurista e político do feitio de Nabuco de Araújo. Ia surgir o grande Teixeira de Freitas, nascido em sobrado patriarcal do interior da Bahia.

Analisando a estrutura econômica da sociedade brasileira nos meados do século passado, encontramos, de um lado, uma classe de proprietários de terra e de escravocratas; de outro, a massa de escravos. "Senhores" – "classe dirigente" – e "escravos" – *les esclaves utilisés par elle*" – como observava em seu *L'Esclavage au Brésil*, publicado em Paris, em 1881, o francês Louis Couty, para quem o Brasil, mesmo em 1880, não tinha ainda "povo" no sentido rigoroso da expressão. Exagero, talvez, do francês que, entretanto, especificava suas impressões do Brasil ainda patriarcal e escravocrático que conheceu: faltavam ao Império brasileiro, em número considerável, *"propriétaires d'un sol qu'ils sont capables de feconder"*. Povo neste sentido de gente média e produtiva.

Entre aqueles dois extremos – senhores e escravos – é justo que se assinale a presença de alguns "pequenos burgueses" e de pequenos lavradores, sem contar com a burocracia; e omitindo os interesses mercantis, na sua grande maioria representados por estrangeiros, uns de prol, outros gente média e até pequena. Prevalecia uma espécie de nobreza territorial (senhorismo – *land-lordism*), cuja força, entretanto, buscava-se antes no fato de possuírem numerosos escravos do que na posse de terras extensas. Verdadeiros latifúndios, em vários casos, o que principalmente os valorizava era o número de escravos.

A terra era propriedade dos plantadores de café, no Sul, de criadores de gado, nas províncias interiores e no Rio Grande do Sul, de senhores de engenho (plantadores de cana-de-açúcar) no Nordeste, especialmente em Pernambuco e no Recôncavo da Bahia. Nos meados do século XIX, eram os chamados senhores de engenho os mais poderosos desses senhores de terras e de escravos. O poder máximo – econômico, social, político – ainda não se deslocara de Pernambuco e da Bahia agrários para um São Paulo também agrário. Semelhante transferência de prestígio era um processo ainda em desenvolvimento; ou somente em começo.

Ao longo da costa e em pontos dispersos do interior situavam-se extensos domínios monásticos. Vastas fazendas e engenhos de religiosos: de Carmelitas e de Beneditinos. Havia frades célebres como agricultores.

Os roceiros formavam a classe dos pequenos fazendeiros, entre os quais muitos eram escravos de cor alforriados. Grande parte da pequena burguesia era composta de marinheiros ou portugueses recém-chegados da Europa. "Marinheiros pés de chumbo", chamava-os o vulgo. Destes, alguns, desde a época colonial, se vinham mostrando capazes de ascender, pela sua perseverança, da condição de donos de pequenas casas de especiarias e até da de mascates, ou vendedores ambulantes de miudezas, à abastada classe dos comerciantes – pais e avós de futuros estadistas, diplomatas e magistrados.

O liberalismo do Império, tão pronto em reconhecer o mérito individual, era favorável aos recém-vindos. Favorável a quantos indivíduos de origem modesta – até filhos de escravos – se valorizassem pela instrução superior ou pelo casamento com moça de família ilustre.

Nos meados do século XIX, a população do Brasil era, numa estimativa grosseira, de sete milhões de habitantes. Poucos brasileiros para Brasis – como ao Brasil chamavam então certos ingleses – tão vastos.

J. L. Maré, em seu livro *Le Brésil en 1852 et sa colonisation future*, calculava aquela população entre 6 e 7 milhões. Em artigo publicado em *O Diário* (Rio de Janeiro), no dia 11 de dezembro de 1847, F. Nunes de Souza, estatístico brasileiro então muito em voga, estimava a população do país em 7.360.000 habitantes. Destes, 2.120.000, classificava como brancos; 1.100.000, como mulatos livres; 3.120.000, como negros escravos; 180.000, como nativos africanos libertos; e 800.000, como índios.

A miscigenação campeava já desbragadamente. Muita mistura era de brasileiros brancos com gentes de cor. De europeus com ameríndios. De portugueses com negras.

Já em 1818 – ou 1819 – o naturalista francês Augusto de Saint-Hilaire descobrira em São Paulo – note-se bem: em São Paulo – tamanha mistura de raças que chegara a descrevê-la, com algum preconceito, como "estranha mescla de que resultam complicações embaraçosas para a administração e perigosas para a moral pública".[3] A miscigenação só faria acentuar-se nas décadas seguintes, embora desde os começos do século se tivesse também acentuado a presença, no sul do Brasil, de brancos vindos, como colonos, do Norte da Europa. Brancos, que, ao contrário dos portugueses, não se misturaram logo, nem facilmente, com gentes de cor.

Alfred R. Wallace encontrou no Pará dos meados do século XIX, "uma muito variada e interessante mistura de raças". Incluía brancos, ameríndios e negros entre seus elementos básicos: situação característica de outras áreas do país. "Há", escreve ele, "o inglês de pele clara, que parece viver tão bem aqui como nos climas mais frios de seu país; o american o pálido; o português trigueiro; o brasileiro

---

[3] SAINT-HILAIRE, Auguste de. *Voyage dans les provinces de Saint Paul et Sainte Catharine.* p. 124.

mais corpulento; o negro alegre; e o índio apático, mas de físico gracioso. E entre estes, uma centena de gradações e de misturas, que só olhos experimentados podem distinguir."[4]

O norte-americano C. S. Stewart, U.S.N., que visitou o Brasil nos primeiros anos de 1850, mostrou-se surpreendido com o "aspecto terrivelmente mestiço da população".[5] Os muitos anúncios de escravos à venda e de escravos fugidos da época – época de esplendor desse gênero de anúncios, nos jornais brasileiros, assim como de "avisos" e "comunicados" de igual interesse para o historiador social e para o sociólogo especializado em sociologia genética – indicam que já era então considerável a mestiçagem entre a própria população servil. Vários são os anúncios, nos jornais da época, de "mulatas de bonita figura"... "próprias para mucamas"; de "mulatinhas" que, além de coser "muito bem limpo e depressa" e de saber engomar com perícia, sabiam pentear "uma senhora"; de "mulatas com habilidades", de "mulatos embarcadiços" e de "cabrinhas próprios para pajens", alguns tão caros que os vendedores concordavam em vendê-los "a prazo"; de "mulatinhas" não só "recolhidas e honestas" como tão bem-educadas para mucamas que sabiam falar francês; de "pardos"; de "acobreados"; de "fulos"; de "cabras". Cabras, isto é, mestiços, que os anúncios da época, relativos a escravos, distinguiam das cabras animais, especificando das cabras animais que eram "cabras bichos". Os escravos eram cabras homens e cabras mulheres, sempre mestiços; e cabrinhas, quando se tratava de meninos ou de crianças mestiças. Cabrinhas, e não moleques: nos anúncios de jornais da época, a expressão "moleque" significava a criança ou o menino retintamente preto.

A grande massa da população brasileira vivia, desde os primeiros séculos coloniais, na costa. Minas Gerais, no entanto, província interior, tornara-se – consideravelmente populosa a partir do século XVIII. O século do ouro: tão do ouro que se tornou intensa, naqueles dias, a emigração de brasileiros do litoral para o Centro. Nos meados

---

[4] WALLACE, Alfred R. *A narrative travels on the Amazon and rio Negro.* Londres, 1852, p. 8.

[5] STEWART, C. S. *The personal record of a cruise.* Nova York, 1855, p. 72.

do século XIX já cessara essa mobilidade que dentro em pouco iria processar-se noutro sentido: do Norte açucareiro para o Sul cafeeiro e para as próprias estâncias do Rio Grande do Sul.

Nas estatísticas de Nunes de Sousa, Minas Gerais aparece com 1.130.000 habitantes. Essa vasta província fora colonizada pelos garimpeiros, ou caçadores de ouro – homens de São Paulo, nômades e viris. Saint-Hilaire os chama crua e simplesmente de "aventureiros". Bravos e bons aventureiros é o que vinham sendo eles; quando o Brasil tornou-se independente, encontrou-os já, em grande parte, estáveis e sedentários, substituindo, não poucos, a aventura da mineração pela atividade agrária ou agropastoril.

Nos meados do século XIX, as cidades de Minas Gerais entraram em declínio ou, pelo menos, ficaram estagnadas. Vila Rica tornou-se apenas a sombra do que fora. Eram cidades cujo desenvolvimento se processara graças ao ouro e aos diamantes.

A Província quase toda passara, então, de inquietamente mineira a pacatamente agrícola. Suas condições morais que, ao tempo da febre do ouro, haviam sido péssimas, melhoraram com essa nova situação ao mesmo tempo econômica e social. A Igreja Católica, estendendo de Mariana os tentáculos de sua disciplina moral, foi conseguindo adoçar os hábitos ariscos do pioneiro, que agora dizia o *Benedicite* antes das refeições.

São Paulo foi, talvez, a Província mais próspera durante a década 1850-1860. Definiu-se então o começo de sua hegemonia sobre o conjunto nacional. Sua população chegara em 1847, como a de Pernambuco, a 800 mil habitantes. Sua capital alcançara, nos meados do século, considerável progresso material, tornando-se uma das mais belas cidades do Império. Tinha já casas de aspecto atraente e ruas largas e bem esquadrinhadas, semelhantes às do, desde o século XVII, urbanizado Recife. Em volta da cidade espalhavam-se chácaras ou casas de campo, da gente de prol; casas cercadas de pés de jabuticaba e de outras fruteiras; e, mais para o interior, as *fazendas*, ou plantações de café, onde os cafeeiros estendiam-se em filas simétricas, triunfalmente, léguas afora. Aí começou nos meados do século XIX a consolidar-se aquela hegemonia: a de São Paulo sobre o conjunto brasileiro.

A prosperidade de São Paulo, durante a década de 1850, explica-se pelo desenvolvimento da exportação do café. Aumentou essa exportação de modo notável.

Em junho de 1855, 206.002 sacos de café foram exportados do Rio de Janeiro. Em junho de 1856, 178.444.[6] Graças a São Paulo e ao Rio de Janeiro: sub-região que, tendo participado do surto econômico baseado sobre o açúcar, passou a participar pioneiramente do novo surto: o baseado sobre o café.

No que toca à atividade intelectual, que tinha como centro a Escola de Direito, São Paulo talvez fosse ainda inferior a Pernambuco. Continuava inferior a Pernambuco, à Bahia e, certamente, à Metrópole, em vida social. Em requintes de convivência mundana.

O progresso agrícola de Pernambuco, na década de 1850, não deixa de se fazer notar. Sua produção de açúcar subiu de 10 mil toneladas, em 1821, a 70 mil, em 1853,[7] sendo o Recife o mais importante mercado açucareiro do Império. A maior quantidade de açúcar vinha de *engenhos*, ou de canaviais, da região conhecida como "Zona da Mata". Do Recife ao rio Una estendiam-se, em 1855, cerca de trezentas grandes plantações de cana-de-açúcar. Os proprietários desses canaviais viviam numa espécie de estilo feudal, formando uma classe homogênea, com os mesmos interesses econômicos, a mesma vida social, a mesma atitude política. Governavam suas propriedades agrícolas e as pequenas cidades em volta dessas propriedades, ou situadas dentro delas, como se fossem feudos. Não eram eles descendentes daqueles arrogantes plantadores de cana que expulsaram de Pernambuco em 1666, um capitão-mor, ou governador colonial, enviado pela Metrópole portuguesa? Com eles, os estilos e os costumes aristocráticos tinham a vivência de várias gerações. Descendiam muitos deles de portugueses de boa estirpe – as famílias que haviam acompanhado Duarte Coelho e sua mulher, Dona Brites de Albuquerque, quando aquele fidalgo veio de Portugal para o Brasil como donatário da logo denominada Nova Lusitânia; e essa vaga coisa que chamamos cultura,

---

[6] BRAZIL. *London Times*, 11 ago. 1856.

[7] HADFIELD, William. *Brazil, the river Plate and the Falkland...* Londres, 1854, p. 103.

no seu sentido mais restrito, foram esses colonos os primeiros a fazer chegar à América Portuguesa. No que seriam continuados, no século XVII, pelos holandeses que se estabeleceram no Brasil, vários dos quais tendo-se casado com sinhazinhas de famílias senhoris dos engenhos de Pernambuco tornaram-se "gente da terra". O caso de Gaspar van der Lei, fundador da, nos meados do século XIX, numerosa e importante família Wanderley.

Durante as décadas de 1840 e de 1850, o refinamento de vida atingiu seu clímax mais uma vez em Pernambuco graças a esse nobre do Império com muita coisa de europeu do século XIX que foi o governador Francisco do Rêgo Barros (Conde da Boa Vista). As senhoras vestiam-se bem. As recepções no Palácio do Governo eram brilhantes: e brilhantes, também, as representações no Teatro Santa Isabel – recém--construído pelo engenheiro francês L. L. Vauthier – e as cerimônias na igreja do Espírito Santo. Um observador da época chama a atenção para "o luxo, que começa a tomar impulso em Pernambuco".[8] Luxo de uma nova espécie: inspirado em modelos europeus do século XIX que já não eram os ibéricos, porém os franceses, os ingleses e os alemães. Os anúncios de jornais brasileiros da época é o que indicam: larga importação de artigos norte-europeus. Inclusive alimentos em conserva, vinhos, cervejas.

A Bahia era, economicamente, rival de Pernambuco. Possuía também vastos canaviais. Canaviais, engenhos de moer cana, casas-grandes senhoris. Tornara-se, além disso, importante centro de cultura algodoeira e tabageira. Dispunha de prósperas manufaturas e, em Valença, segundo um viajante norte-americano, havia nos meados do século XIX grande fábrica de tecidos de algodão – provavelmente a melhor – fato surpreendente – que existia, ao tempo, no Brasil. Em 1851, a renda da Bahia era de 4.784.600 réis, enquanto a de Pernambuco era de 4.639.427 réis.[9]

Foi nos meados do século XIX que a epidemia de cólera dizimou mais gente na Bahia do que em outra qualquer parte do Brasil.

---

[8] CARVALLO, H. *Études sur le Brésil*. Paris, 1858, p. 50.

[9] HADFIELD. Op. cit. p. 127.

Muitos escravos morreram na velha Província, nos anos de 1855 e 1856.[10] Mas não só na Bahia: no Império inteiro. Daí, a crise econômica que comprometeu não apenas os produtos de exportação da Bahia, mas o próprio café. Porque a epidemia – repita-se – alcançou o Brasil de norte a sul.

Para o brasileiro da década de 1850, mais do que para o brasileiro que viria depois, a parte do país que ficava para o oeste de Minas Gerais, de Pernambuco e da Bahia – o sertão – era região de grande mistério; e onde se vivia perigosamente, embora seu regímen de família fosse também o patriarcal. Mas um patriarcal antes pastoril do que agrário.

Policiamento era coisa que quase não existia nessas partes remotas e asperamente pastoris do Brasil. A lei e o próprio Imperador, Dom Pedro II, pouco ou quase nada valiam para seus habitantes. Por essa época, para tal região, código tributário, por exemplo, era coisa platônica. Platônica, absurda, impraticável. Qualquer sistema de recolhimento de impostos, por mais suave que fosse, atentava contra os escrúpulos de independência dos sertanejos. Eles e os gaúchos destacavam-se não só pelos trajos regionais, como pelos excessos de altivez. Graças ao que escreveu em 1860 um observador inglês ter-se desenvolvido no Brasil nova maneira de resistir um povo à cobrança de impostos: no caso, impostos sobre peles do sertão. "O sertanejo" – destacou aquele observador – "pegava o pobre coletor com a mesma gana com que a canalha de Galway agarrava um cobrador de impostos: estripava-o, embrulhando-o num saco de couro de boi, com a cabeça de fora, despachando-o de volta, com a mensagem espartana: *se o imperador deseja carne de boi, leve-a consigo o seu preposto*".[11] O sertanejo da década de 1850 chegava a ser

---

[10] CARVALLO. Op. cit. diz (p. 8) que "avalia-se para mais de 60.000 o número de escravos que o cólera matou no Brasil".

[11] *BRAZIL: its history, people, natural resources*. Note-se, a propósito, dos sertões, que o trajo completo de sertanejo-vaqueiro incluía, além do chapéu de couro, gibão, guarda-peito, perneiras, luvas e peia-boi. E mais: sela roladeira e vara de ferrão com bainha. O do gaúcho incluía o poncho: um poncho tão expressivo do vigor regional do brasileiro do Sul quanto o chapéu de couro do vaqueiro do Norte. Tanto às suggestões de brasileirismo telúrico do Sul quanto às do Norte havia já quem se mostrasse, na literatura brasileira, sensível – José de Alencar. Faltou-lhe, entretanto, potência literária para dar a essa sensibilidade outra expressão senão a que fizesse vibrar, nos brasileirismos que pôs

mais pitoresco que o sertanejo do fim do século, que viria a ser descrito por Euclides da Cunha, com cores tão vivas, em *Os Sertões*. Entre 1850 e 1860, usava o sertanejo "enorme cabeleira", além do chapéu e das calças de couro e da camisa de algodão que se tornariam características permanentes do seu trajo regional. Era, desde velhos dias, um dos três trajos regionais mais pitorescos do Brasil. Os outros dois se encontravam – e ainda se encontram – um na Bahia – o da "mulata baiana" –, outro do Rio Grande do Sul: o do gaúcho.

---

em foco, o seu pitoresco romântico. Escrevendo, porém, numa língua portuguesa já diferenciada da de Portugal, deu relevo, em seus livros, a brasileirismos sertanejos e gaúchos. Também as bilhas, os potes, as jarras, as cuias, os punhais, os cocos de beber água caracterizam, então, brasileiros dos sertões e dos pampas: seus modos rústicos de viver. E mais: as velas de cera, os queijos, os vinhos, os cachimbos, as chinelas, as botas. Todos esses artigos, de uma autenticidade brasileira de que não se envergonhavam os nacionais mais telúricos e menos dominados pelas modas inglesas e francesas, eram produtos domésticos em alguns dos quais se afirmava a habilidade da gente escrava dirigida por sinhás, não de todo ociosas, de fazendas de criar e de estâncias. É certo que já o Império estava sendo inundado por artigos ingleses e franceses; mas o trabalho caseiro resistia a essa invasão como se nessa resistência se afirmasse a solidez, nos meados do século XIX, ainda considerável do sistema patriarcal brasileiro de família e de economia, que se estendia das áreas agrárias mais sofisticadas às pastoris, mais rústicas. Já eram célebres no Império as redes do Ceará, algumas bordadas à mão, outras no tear, havendo também as de labirinto – verdadeiras obras d'arte. Suspensas em cordas trançadas de tucum, de embiratanha, de pacolé, constituíam expressão de uma arte regional baseada em tradição indígena. Um autêntico brasileirismo, portanto. Havia gente de prol para quem não havia cama europeia superior a uma boa rede de dormir; e reclinados em redes faziam o quilo – fumando charutos, que às vezes eram acesos pelas mucamas – barões, viscondes e comendadores ilustres. Nelas repousavam iaiás, languidamente finas, deixando que as negras lhe dessem cafunés; e em redes eram transportados feridos, e conduzidos às covas os mortos rústicos e pobres.

Também do Ceará eram as rendas e os bicos mais delicados com que numerosas iaiás enfeitavam seus vestidos. Havia quem patrioticamente as considerasse superiores às rendas de Bruxelas.

Não só no Ceará se faziam essas rendas: era uma atividade de mãos de mulher em que se esmeravam brasileiras de outras províncias que trabalhavam longas horas com bilros sobre almofadas. Nas casas pobres, eram bilros muito brasileiramente feitos de caroços de carnaúba ou de catolé. Outros produtos muitos brasileiros, de arte mais caseira e, por conseguinte, mais patriarcal do que industrial, em que ao talento de sinhás se juntava a perícia de mucamas, e à direção de brancos o trabalho de pretos domésticos, eram os sertanejos de couro; de chifres; de cerâmica; e também os tecidos de algodão.

O Reverendo Dr. Fletcher, baseado em Kidder, descreve a entrada de uma família de sertanejos no Recife, nos meados do século XIX. Vinham à cidade grande vender algodão e peles, tendo de viajar durante quinze a vinte dias para chegar à costa. O homem cavalgava, "empoleirado sobre dois sacos de ablongos de algodão, amarrados paralelamente nas ilhargas do animal, seguido por um cortejo de doze cavalos ou mulas, carregados igualmente de algodão ou açúcar. Um macaco, com um tamanco amarrado à cintura, sobremonta um dos animais, fazendo às vezes do tropeiro; um casal de papagaios e uma grande arara, de pescoço bronzeado e vestida em empertigado casaco azul de penas, sobremontam outros animais".[12] Essas caravanas constituíam um espetáculo que as crianças das cidades do litoral gostavam de apreciar, das varandas dos sobrados. Lembro-me de ter ouvido minha avó comentá-las como uma das vivas lembranças de sua infância de filha de português abrasileirado que morrera agraciado pelo imperador com uma das mais ilustres comendas do Império. Comendador e quase barão.

Naturalmente, não devemos esquecer o Rio de Janeiro. Nos meados do século XIX, essa província de 1.500.000 habitantes, favorecida pela proximidade de Corte, levava a dianteira em população. Em população e noutros aspectos de desenvolvimento social.

No Sul do Brasil vinham-se espalhando desde o começo do século colônias estrangeiras, algumas, em 1850, já prósperas. Colônias de alemães e de suíços alemães. A de Petrópolis contava 2.565 representantes. Sua situação era boa. Os colonos especializavam-se no cultivo do milho e das batatas e na fabricação de manteiga e de queijo de coalho. A mesma coisa acontecia com os colonos de Nova Friburgo, que atingiam a 2.000.[13] O Norte do Brasil teve, também, no começo do século XIX as suas colônias de norte-europeus: alemães em Pernambuco – na cidade do Recife e no interior – e irlandeses no interior da Bahia, principalmente. Mas nenhuma prosperou, embora vários elementos se incorporassem,

---

[12] FLETCHER & KIDDER. Op. cit. p. 522.

[13] Interessante informação sobre as colônias estrangeiras do sul do Brasil, nos meados do século XIX, encontra-se em STRATEN-PONTHOZ, Augusto van der. *Le budget du Brésil*. Bruxelas, 1854.

como indivíduos ou como famílias, à população brasileira, de modo vantajoso para o desenvolvimento nacional. Nos meados do século XIX, o norte do Império chegou a receber operários belgas para as obras de construção de estradas de ferro: obras de ordinário dirigidas por engenheiros e técnicos ingleses; e nas quais trabalharam criadora e penosamente, como operários, mais do que norte-europeus do tipo daqueles belgas, numerosos portugueses e muitos mestiços e negros. Portugueses, alguns deles, já brasileiros e habituados ao calor do trópico. Dos belgas engajados para trabalhos de estrada de ferro no norte do Império, na década de 1850, diz-se que alguns, em 1859, chegaram a amotinar-se, tendo assim se constituído num dos primeiros grupos de operários revoltados contra os patrões na história econômica do Brasil.

Os interesses manufatureiros concentravam-se no Rio de Janeiro, isto é, na Corte ou na Capital do Império ou em torno dela. Das setenta e duas fábricas existentes então no Brasil, para manufatura de chapéus, velas, sabão, cerveja, cigarros e tecidos de algodão, cinquenta e duas estavam localizadas na Província do Rio de Janeiro. As restantes distribuíam-se da maneira seguinte: na Bahia, dez; em Pernambuco, quatro apenas; no Maranhão, duas; e outras poucas espalhadas pelas províncias de São Paulo, de Minas Gerais, do Paraná e de São Pedro, isto é, do Rio Grande do Sul.[14]

É certo que, em Pernambuco aos bueiros dos principais engenhos de açúcar correspondia, nos meados do século XIX, uma adiantada mecanização dos processos de fabrico de açúcar: mecanização para a qual concorreram técnicos franceses e principalmente ingleses. A indústria do açúcar trouxe, com efeito, para Pernambuco um número nada insignificante de técnicos ingleses especializados nesse ramo de engenharia industrial. Fundições como a Starr. Engenheiros como os De Mornay. Ou como o Mr. James Eduardo Spars que, pelo *Diário de Pernambuco* de 14 de setembro de 1858, se oferecia aos brasileiros da região, desejosos de modernizarem suas fábricas, para, "na qualidade de machinista engenheiro"... "sentar fábricas de machinas a vapor, moendas de cana, rodas de água, guindastes, guinchos,

---

[14] CARVALLO. Op. cit. p. 57.

prensas, moinhos, alambiques de ferro, barcos, alvarengas, tachas, machinas de moer mandioca e para padaria etc.".

Enquanto os ingleses foram se tornando famosos como peritos em engenharia mecânica, os franceses, sem perderem de todo seu prestígio de engenheiros, foram se notabilizando entre os brasileiros como relojoeiros, retratistas, artistas. As senhoras, como modistas. Daí a Rua do Ouvidor ter-se tornado, na capital do Império, uma rua de comércio em grande parte francês: modistas, cabeleireiros, lojas de artigos finos.

Os interesses manufatureiros estavam em grande parte nas mãos de gente de fora. A própria mão de obra era, em parte, estrangeira. A fábrica de porcelana de Minas Gerais dispunha de operários especializados vindos dos famosos estabelecimentos da Saxônia.[15] Note-se, porém, que numerosos negros livres e mulatos eram, também, já utilizados nas novas indústrias nacionais. Fletcher viu, numa fábrica de tecidos de algodão, em Valença, na Bahia, "todo o trabalho de estamparia e acabamento executado por negros".[16] Até o capataz da fundição era muito brasilei-ramente negro: negro brasileiro. Ou brasileiro de cor negra.

Os negros – ou negras – tornaram-se, no Brasil, hábeis nas mais delicadas indústrias, como a da confecção de flores artificiais com penas de pássaros brasileiros – a arte plumeira do indígena sob um novo aspecto. Foi essa uma indústria que chamou a atenção do viajante francês Max Radiguet que, sobre esta, escreveu: "parece ter atingido seu apogeu no Rio de Janeiro".[17] Tudo indica que tais produtos fossem apreciadíssimos, então, pelos europeus.

Madame Ida Pfeiffer ficou surpreendida ao encontrar em *ateliers* do Rio de Janeiro, "negros os mais distintos ocupados em confeccio-nar roupas, sapatos, artigos de tapeçaria, bordados em ouro e prata. Mais de uma negra, muito bem-vestida, trabalhava na confecção das mais elegantes *toilettes* de senhoras e nos mais delicados bordados".[18]

---

[15] Ibid. loc. cit. p. 57.

[16] FLETCHER & KIDDER. Op. cit. p. 499.

[17] RADIGUET. *Souvenirs de l'Amerique espagnole.* Paris, 1848, p. 255.

[18] PFEIFFER, Ida. *Voyages au tour du monde.* Paris, 1868, p. 11.

Os anúncios de jornais da época estão cheios de referências a escravos pretos e pardos notáveis pelas suas "prendas". Mulatas que sabiam fazer "labirinto" e "bordado" "com perfeição". Negras crioulas peritas no preparo de doces; pardas capazes de pentear a mais requintada senhora; pretos, bons oficiais de ferreiro; negros, ótimos boleeiros; pardos, oficiais de alfaiate; mulatos, perfeitos destiladores e já conhecedores da ingresia conhecida por "alambiques de Derosne". É possível que houvesse, nesses anúncios, exageros. Mas não tanto ao extremo de serem todos puras invenções.

Foi na década de 1850 – repita-se – que se construíram no Brasil as primeiras estradas de ferro, embora somente na casa de 1870 se tornassem elas importante fator na vida econômica e social do país. O Brasil dos meados do século XIX viu correr os primeiros "trens de ferro" e ouviu silvar as primeiras locomotivas. Foram as estradas de ferro no Brasil iniciativas a que estiveram muito ligados, além de técnicos, capitais ingleses; e também brasileiros anglicizados como o pioneiro Irineu Evangelista de Souza, depois Barão de Mauá.

Em 1858, a Estrada de Ferro Dom Pedro tinha apenas a extensão de vinte e sete milhas. Construíam-se ferrovias em São Paulo, na Bahia e em Pernambuco. Quase todas as viagens, no entanto, faziam-se ainda pelos "caminhos d'água". Quando não era possível a barcaça ou o navio, no lombo de cavalo ou de mula. Ou de carro de boi.

Nas principais capitais do Império, a década 1850 marcou, numas, o aparecimento, noutras, o desenvolvimento, de um novo tipo de veículo – o coletivo, ou ônibus, no Rio de Janeiro chamado "gondola" – que se juntou ao tílburi e a outros veículos de tipo privado e mesmo individual, neste particular substitutos do palanquim ou da rede (serpentina). Um gosto excessivo pela velocidade desenvolveu-se, entre certos brasileiros, com o aparecimento desses veículos. Note-se, porém, que a esse excesso já vinham se entregando, nas cidades maiores do Império, cavaleiros nem sempre peritos na arte do galope. Em 1858, o *Diário de Pernambuco* noticiava ter sido "hum pobre preto ganhador atirado por terra por hum brutal cavalleiro que passava a toda brida, sem atenção aos viandantes, que eram forçados a atropelarem-se, nem a localidade por onde corria, desembestadamente". A localidade observe-se que era a Rua Nova, então uma das principais da capital da província de Pernambuco. "O preto" – continua a notícia – "foi logo carregado em braços e deitava grande porção de sangue; e conta-nos estar em perigo de vida, se já não sucumbio a esta hora; he escravo. O autor he um pardo que mora para bandas de Ponte d'Uchoa, donde costuma vir sempre a esta cidade a recado ou trazer cartas: logrou evadir-se."

Note-se que foi nos meados do século XIX que foram introduzidos dromedários no Brasil: no Ceará. Vieram de Argel e até hoje a imaginação popular guarda memória de um fato que foi, para a época, verdadeiro episódio de mil e uma noites, pois os bizarros animais – que deviam concorrer para a solução do problema de transporte em regiões áridas do Brasil – escandalizaram a população mais rústica do Ceará. É que vinham acompanhados de mouros de turbante: precisamente as figuras que, nas lutas entre cristãos e mouros – lutas tão tradicionais das festas brasileiras de pátio de igreja –, acabavam sempre vencidas pelos cristãos, às vezes sob grossa pancadaria. Os mouros de turbantes considerava o brasileiro rústico daqueles dias os inimigos por excelência de Cristo e da Igreja. Mais, talvez, que os próprios judeus. Compreende-se assim o repúdio popular aos dromedários que haviam sido introduzidos no país acompanhados por aqueles mouros. Deviam ser animais nada cristãos.

O Conde van der Straten-Ponthoz, escrevendo em 1854, observava, com algum exagero, que "no Brasil todos os transportes faziam-se penosamente no dorso das mulas". Ainda não havia "trens de ferro" de expressão econômica, é certo. Mas já muito transporte se fazia por navios e por barcaças.

Mesmo assim, o presidente da província de Goiás – a informação é do mesmo autor – tinha de viajar três meses para ir do Rio de Janeiro à capital de sua província. Caravanas de mercadorias levavam cinco meses, viajando do Rio de Janeiro à capital de Mato Grosso. Mas eram áreas, essas, onde não era possível o transporte a canoa e a barcaça. Os rios nem sempre têm sido, no Brasil, favoráveis ao transporte de pessoas e de valores por grandes distâncias.

A navegação a vapor trouxe notável progresso para o Brasil nos primeiros anos da segunda metade do século XIX. Com seu desenvolvimento, beneficiaram-se várias cidades. A capital da província do Pará, por exemplo, lucrou com a linha regular da navegação a vapor no rio Amazonas, inaugurada em 1854. Inovações para a época, de luxo, como luz a canfeno e macadame, vinham como consequência desse tipo de navegação. Daí o progresso que os observadores estrangeiros notavam nas cidades marítimas e fluviais. As demais cidades – antes de servidas, algumas delas, por estradas de ferro – dificilmente progrediam. Na verdade, continuaram, durante anos, verdadeiras cidades medievais sem iluminação pública, sem ruas limpas, sem calçamento que as modernizassem. Medievais, também nos costumes e nas relações com os poderosos donos de terra, em torno de cujas propriedades erguiam-se algumas dessas povoações com alguma coisa de feudos.

O poder dos grandes plantadores – os de cana, principalmente –, nos meados do século XIX, repita-se que era realmente feudal, quase não sendo possível às leis civis restringir o que havia de tentacular no seu extremado patriarcalismo. Semelhante poder feudal, desenvolvido nos engenhos e nas grandes fazendas de criar, não tardaria a se prolongar no dos plantadores de café, no Sul do Império.

Observador estrangeiro que viajou pelo interior do Brasil imperial, nos dias de esplendor do feudalismo brasileiro, escreveu: "O proprietário de um engenho de açúcar ou de uma fazenda de gado é, praticamente, senhor absoluto". Acrescentando: "A comunidade que vive à sombra de homem tão poderoso forma sua corte feudal. Pela conspiração de alguns desses homens, que são capazes de levar inúmeros vassalos e sequazes para a luta, a tranquilidade das províncias era a princípio seriamente perturbada pelas revoltas, que davam ao governo muito trabalho".[19]

Oliveira Lima informa que – informe principalmente oral – as comunidades que viviam sob a influência dos grandes plantadores assim feudais eram muito heterogêneas. Compara-as ao exército de vassalos que os nobres portugueses do século XVIII conservavam em seus domínios: *bravi*, isto é, capangas, toureiros, frades, guitarristas.

---

[19] FLETCHER & KIDDER. Op. cit. p. 522.

O grande engenho patriarcal ou a grande fazenda brasileira era uma comunidade que se mantinha por conta própria – econômica e socialmente – poucas vezes, abrindo para o mundo exterior suas enormes cancelas, por necessidade de caráter econômico. Possuía canaviais ou cafezais e plantações de mandioca, feijão-preto e outros produtos, utilizados no consumo interno. A população incluía, além do proprietário e da sua família, feitores ou superintendentes, vaqueiros ou pastores, algumas vezes um capelão e um preceptor, carpinteiros, ferreiros, pedreiros e uma multidão de escravos.

Fletcher visitou uma fazenda de café em Minas Gerais que continha uma área de "64 milhas quadradas". Além de filas de pés de café, observou extensas plantações de mandioca, de algodão e cana-de-açúcar, inúmeras cabeças de gado e cento e cinquenta colmeias de abelhas. Como necessitavam de prover o sustento de suas numerosas populações, os grandes engenhos e as grandes fazendas patriarcais juntavam alguma policultura ao seu principal empenho que era o da produção de um só artigo de exportação: a monocultura completada pelo latifúndio e pelo trabalho escravo.

"De todas as coisas antes mencionadas", escreve o bem informado Fletcher, "nenhuma vai para o mercado. Servem para alimentar e vestir os escravos, que o Comendador sustentava, a princípio, em número de setecentos".[20]

Nos grandes engenhos de açúcar de Pernambuco, espalhados entre o Recife e o rio Una, e contra cujos poderes feudais a revolução de 1848 parece a alguns estudiosos do passado brasileiro ter sido um claro protesto, de caráter mais social do que político, pequenas indústrias domésticas desenvolviam-se paralelamente às atividades agrícolas. Entre essas pequenas indústrias caseiras, a fabricação de vinhos de jenipapo, a preparação de charque, ou carne-seca, de queijo de coalho e de várias espécies de doces e de bolos. Essas atividades caseiras eram, em muitos casos, superintendidas diretamente pela "Sinhá Velha": figura por vezes com alguma coisa de matriarcal.

---

[20] FLETCHER & KIDDER. Op. cit. p. 440.

Os trabalhadores dos grandes engenhos e das grandes fazendas patriarcais do Brasil dos meados do século XIX eram de ordinário bem alimentados e recebiam cuidados dos senhores como se fossem – depõe um observador estrangeiro – uma "grande família de crianças". Tinham três refeições por dia e um pouco de aguardente de manhã.

A primeira refeição constituía de farinha ou pirão, com frutas e aguardente. Ao meio-dia, faziam uma refeição muito substancial, de carne ou peixe. À noitinha, feijão-preto, arroz e verduras.

Nos dias feriados, era costume, em alguns engenhos e em algumas fazendas – grandes engenhos e grandes fazendas, note-se bem –, matar um boi para o regalo de escravos e dar-lhes aguardente, que os tornava alegres e os animava para os batuques. Dançavam, então, aos ritmos sensuais do *batuque* ou de outras danças de origem africana, e riam, cantavam ou tocavam *marimba*.

Os escravos, em geral, não se esfalfavam nos trabalhos domésticos. Era assim tanto nas casas-grandes dos engenhos e das fazendas como nos grandes sobrados igualmente patriarcais das cidades. É verdade que, nos meados do século passado, a propaganda antiescravista britânica muito comentou o "cruel tratamento dos escravos" no Brasil. Mais tarde, esses sombrios comentários ingleses foram repetidos no Brasil por oradores brasileiros contrários ao cativeiro, entre eles Joaquim Nabuco e Rui Barbosa – homens inflamados pelo idealismo liberal e burguês de Wilberforce e, cada um deles, animado pelo desejo, de resto muito humano, de glória pessoal, ligada a uma causa humanitária. A linguagem empregada por tais oradores foi tão enfaticamente persuasiva que o brasileiro médio de hoje ainda acredita ter sido a escravidão no Brasil, toda ela, realmente cruel. Na verdade, a escravidão no Brasil agrário--patriarcal pouco teve de cruel. O escravo brasileiro levava, nos meados do século XIX, vida quase de anjo, se compararmos sua sorte com a dos operários ingleses, ou mesmo com as dos operários do continente europeu, dos mesmos meados do século passado. Sua vida – tudo o indica – era também bem menos penosa que a dos escravos nas minas da América espanhola e nas plantações, quando mais industriais do que patriarcais, da América inglesa e protestante.

Alfred R. Wallace – abolicionista – considerou os escravos que conheceu em engenho que visitou no norte do Brasil "tão felizes como crianças". Acrescenta ele: "Não têm preocupações nem necessidades, são tratados com solicitude na doença e na velhice, os filhos nunca são separados das mães, a não ser quando estão em condições de enfrentar a separação, depois de libertados, de acordo com as leis do país".[21] No que respeita ao Sul do Império, um observador norte-americano, nada simpático e até hostil aos brasileiros, presta a seguinte informação, válida – se tomarmos em consideração os numerosos depoimentos idôneos sobre a matéria – para o todo Brasil agrário-patriarcal dos meados do século XIX: "Geralmente na parte meridional do Brasil, os escravos eram tratados com brandura e, quase sempre, tinham muito mais liberdade do que a que era compatível com serviços de grande eficiência, embora eu tenha conhecido casos de crueldade individual que me fizeram ferver o sangue de indignação".[22]

O médico francês Dr. Rendu escreveu que "em geral, os brasileiros não sobrecarregam seus escravos de trabalho".[23] O reverendo Walter Colton considerou os escravos no Brasil "geralmente tratados com bondade e humanidade pelos seus senhores".[24] A já referida senhora Ida Pfeiffer, que visitou o Império brasileiro nos últimos anos de 1840, escreve em livro que se tornou famoso: "Eu estou quase convencida de que, de maneira geral, a sorte destes escravos é menos miserável do que a dos camponeses da Rússia, da Polônia ou do Egito, e que não são chamados de escravos".[25] Um clérigo inglês – reverendo Hamlet Clark, M. A. – teceu, de modo enfático, comentário mais radical: "Sem dúvida, não precisamos de ir longe para encontrar na Inglaterra livre a exata contraparte da escravidão: *O trabalho londrino* e *O pobre londrino*, de Manighew, *Oliver Twist*, de Dickens, *Canção da camisa*, de Hood e

---

[21] WALLACE, Alfred R. Op. cit. p. 120.

[22] CLEARY, R. *Brazil under the monarchy* (manuscrito). p. 152.

[23] RENDU, Alph. *Études sur le Brésil*. Paris, 1848, p. 42.

[24] COLTON, Walter. *Deck and port*. Nova York, 1850, p. 112.

[25] PFEIFFER, Ida. Op. cit. p. 18.

muitas outras revelações de um despotismo opressor e desumano, de que os escravocratas brasileiros nunca sequer se aproximaram".[26]

Como assinala, em suas aulas magníficas, o meu mestre de História Social na Universidade de Columbia, o professor Carlton Hayes, na Inglaterra, "os públicos choravam quando tomavam conhecimento das surras que os cruéis senhores davam nos escravos, na Jamaica. Mas, na própria Inglaterra, meninos e meninas de dez anos eram chicoteados no trabalho" e às vezes até "nas próprias fábricas dos oradores antiescravistas". Eram principalmente nas palavras desses oradores ingleses, sectariamente antiescravistas – sua seita era do progresso burguês-industrial, fosse como fosse: por vezes mais inumano que a rotina agrária ou agrária-patriarcal – que se inspiravam, desde 1850, abolicionistas brasileiros, alguns dos quais mais retóricos do que exatos nas suas críticas ao regime brasileiro de trabalho da época.

Voltemos à reconstituição deste aspecto da vida patriarcal brasileira nos meados do século XIX: as condições de trabalho. As predominantes nos grandes engenhos e nas grandes fazendas patriarcais.

Ao pôr do sol, o apito do engenho encerrava o trabalho do dia. Os trabalhadores faziam, então, a última refeição e depois iam dormir. Mas não sem que antes pedissem muito filialmente a bênção ao seu senhor e à sua senhora: "Bênção, Nhonhô!", "Bênção, Nhanhã!" Pediam a bênção levantando a mão direita. Nessa ocasião, o senhor e a senhora diziam: "Deus te abençoe" e, ao mesmo tempo, faziam o sinal da cruz. O patriarcalismo brasileiro, agrário e cristão, na sua expressão mais simpática que não foi, de modo algum, excepcional, caracterizou a convivência de senhores com escravos na maioria dos grandes engenhos e das grandes fazendas. O que não significa que fosse essa a situação dominante em todos os engenhos e em todas as fazendas do Império na época aqui considerada.

Em casa urbana da classe alta, tipicamente brasileira – o sobrado ainda patriarcal: a casa de alto funcionário público, por exemplo – o número de escravos, em média, era 15 a 20. Como os escravos

---

[26] CLARK, Hamlet. *Letters home from Spain, Algeria and Brasil during past entomological rambles.* Londres, 1857, p. 160.

fossem numerosos, certas utilidades e mesmo coisas de luxo eram ainda preparadas, patriarcalmente, em casa, sob as vistas cuidadosas da senhora: corte e confecção de vestidos, toalhas e roupas íntimas; destilação de vinhos; manufatura de fitas e de bordados em pano desfiado. A sinhá-dona do sobrado, tanto quanto a da casa-grande de engenho ou de fazenda, também superintendia o preparo das refeições, o fabrico de doces em conserva e em calda, o cozimento de bolos, a assistência aos doentes. Ensinava aos filhos e aos moleques ou cabrinhas, que serviam de companheiros aos sinhozinhos, o Padre-Nosso, o Credo e a Ave-Maria. Protegia-os contra perigos e perversões, como o vício de comer barro. Para isto, era necessário algumas vezes recorrer ao castigo do "tronco" e da "máscara de flandres". Ao do tronco recorria não tanto a sinhá como o senhor, em casos de irregularidades mais sérias.

Escravos havia em quantidade. O conjunto de servos de um sobrado tipicamente patriarcal compunha-se, no Brasil do meados do século XIX, de cozinheiros, copeiros, amas de leite, carregadores d'água, moleque de recado, mucamas. Estas dormiam nos quartos de suas amas, ajudando-as nas pequenas coisas do *toilette*, como catar piolhos, por exemplo. Às vezes, havia escravos em exagero. O rev. Fletcher refere-se a uma senhora que "possuía nove escravos ociosos em casa, sem nenhuma ocupação"; e de outra que não conseguia trabalho bastante para tirar seus escravos da vadiagem e dos maus costumes. Eram, entretanto, esses escravos alimentados, cuidados e mantidos, por uma espécie de ostentação de fartura patriarcal. *"Conspicuous waste"*, diria o sociólogo e economista Veblen.

É fácil imaginar como a sedentariedade, mais do que a ociosidade, tornava obesas certas donas de casa ou sinhá-donas do Brasil dos meados do século XIX. Havia, decerto, iaiás que passavam languidamente os dias a tagarelar, às vezes nas janelas abalcoadas; ou lendo as novelas mais recentes de Macedo ou de Alencar. Por essa razão, o dr. Rendu, referindo-se às mulheres brasileiras, de uma época eminentemente patriarcal, chegou a generalizações injustas: "... elas passam dias inteiros na janela".[27] Outro francês, F. Dabadie, parece nunca ter visto a intimidade de uma

---

[27] RENDU. Op. cit. p. 24.

casa patriarcalmente brasileira, ao afirmar em livro sobre o Brasil dos meados do século XIX que as mulheres – isto é, as sinhá-donas – eram "preguiçosas". "Tão indolentes", diz ele, "que, na maioria das vezes, preferiam renunciar a todos os encantos e ficar condenadas a envelhecer metidas em camisolas sobre uma esteira ou dentro de uma rede a ir à loja comprar adereços que a vaidade feminina exige." Várias, assim de camisolas, deixavam-se catar piolhos pelas mucamas.[28]

É verdade que a mulher castiçamente brasileira da década de 1850 – a sinhá de casa-grande, a iaiá de sobrado patriarcal – raro saía de casa para fazer compras. Era prisioneira da casa. Preconceitos mouriscos conservavam-na distante das atraentes lojas de modas ou de chapéus de senhoras, das joalharias, das casas de *bijouterie*, que tanta admiração despertavam no Rio de Janeiro aos viajantes. Eugênio Rodriguez, oficial da Marinha Italiana, que conheceu o Rio de Janeiro nos meados do século XIX, chamou-as de "*elegantissimi magazini*".

---

[28] DABADIE, F. *Récites et types américain, a travers l'Amerique du Sud*. Paris, 1858, p. 104. Nota à edição em língua portuguesa: Não se pense que, havendo piolho entre damas aristocráticas que se faziam catar, higiênica e voluptuosamente, por suas mucamas, as negras, mulatas e escravas se apresentassem, nesse particular, imundas. Ao contrário: eram raros entre elas os piolhos porque raras eram entre elas as cabeleiras, algumas por terem apenas carapinhas, outras por cortarem e até rasparem higienicamente o cabelo, substituindo-o por turbantes ou rodilhas; ou fazendo-se cobrir, quando saíam de casa, de penas brancas ou de cor, que usavam seguindo diferentes rituais. A cabeleira vasta na mulher era insígnia de classe alta, ostentada mesmo com sacrifício da higiene pessoal. As mestiças que pretendiam aproximar-se do tipo de senhora aristocrática esmeravam-se em deixar crescer o cabelo e penteá-lo à maneira das grandes damas. Fazendo-o, incorriam também no perigo do piolho. A vaidade podia mais que a higiene. Ao assunto alude de raspão James Wetherell, à página 126 do seu *Brazil*, publicado em Londres em 1860. Expilly refere-se a alguns dos seus aspectos. Acreditamos, porém, ter sido o primeiro se não a versá-lo – longe disso – a considerá-lo, embora também de raspão, sob critério sociológico. Alguém poderá estudá-lo, partindo de que a cabeleira abundante, mesmo piolhenta, assumiu no Brasil nos meados do século XIX, importância de insígnia de classe alta; e o piolho, ao ser catado lenta e voluptuosamente pela mucama no cabelo da senhora, em vez de imundície humilhante, concorria para o prestígio social da fidalga empiolhada. Muito caracteristicamente, dizia Felicidade – antiga escrava de velha família pernambucana, que, nascida na primeira metade do século passado, sobreviveu a seus senhores, vindo a falecer em 1910 – que nunca tivera piolhos: seu cabelo não era cabelo –, dizia –, mas carapinha. Piolho – acrescentava – era luxo de branco. Gabava-se de ter catado muito piolho nas suas iaiás e de ter tirado muito bicho-de-pé nos seus ioiôs. Bicho-de-pé – generalizava – dava em negro e em branco; piolho, só em branca fina. (Nota do autor à edição brasileira.)

Dentro de casa, porém, a iaiá brasileira não passava o dia deitada. Em casa tipicamente brasileira e castiçamente patriarcal dos meados do século XIX, trabalhos de toda a espécie realizavam-se no correr do dia. À vista de modelos e de livros de amostra, que lhes eram enviados pelos negociantes, compravam as senhoras cortes de linho, de seda, de fazendas da moda e adereços. Muitas carreiras davam os molecotes, indo e vindo de casas senhoris, para lojas elegantes. Muitas vezes, as compras eram feitas aos mascates, que apareciam uma ou duas vezes por semana, chamando a atenção dos possíveis compradores pelo ruído de suas varetas. Para comprar verduras, frutas ou ovos, e também leite, carne e peixe, não era preciso ir ao mercado. Os vendedores desses produtos rurais vinham à porta de casa. Havia também caldeireiros ambulantes que se anunciavam batendo, com martelo, velha panela ou caçarola. Até as novelas eram vendidas em casa. Paulo Barreto conta que Alencar e Macedo – os romancistas mais lidos pelas brasileiras da época – dispunham de moleques que iam de casa em casa, de cesta à mão, vendendo suas novelas.

O fato de a mulher brasileira não ir às lojas não significa que fosse tão preguiçosa a ponto de deixar de fazer suas compras. Ela o fazia. E depois que as compras eram feitas pela manhã, era ela quem encaminhava e dirigia os diversos tipos de trabalho dentro de casa.

O Conde de Suzannet, que considerou com mais simpatia do que Dabadie as senhoras brasileiras da época de esplendor patriarcal no Brasil, observa que "elas presidem aos cuidados da economia doméstica, dando ordens às negras, ou elas próprias cuidando do preparo das iguarias".[29] Fletcher que, embora pastor protestante, chegou a participar da intimidade de casas senhoris brasileiras, era de opinião de que a dona de casa no Brasil correspondia à descrição da "mulher virtuosa", do último capítulo dos Provérbios: "atenta pelos passos de sua casa e não come o pão da preguiça". E Carlos de Laet – que nasceu e cresceu em ambiente tipicamente patriarcal do Sul do Império – diz-nos que "acusar uma senhora de não saber tomar conta de sua casa era, na época, a

---

[29] SUZANNET. *Souvenirs de voyages.* p. 265.

ofensa mais desagradável que lhe podia ser feita".[30] Mais: Oliveira Lima caracteriza a dona de casa brasileira desse período dizendo que ela possuía "capacidade administrativa", sem o que seria impossível manter em ordem casas tão grandes.[31] As casas-grandes dos engenhos e das fazendas. Os sobrados patriarcais das cidades.

Outros depoimentos – numerosos outros – poderiam ser invocados para mostrar que, nesse particular, a força das evidências revela que a dona de casa tipicamente brasileira, nos dias da escravidão, era antes mulher ativa e ociosa. Diligente e não indolente. O que não significa que não houvesse sinhás indolentes, enlanguecidas pelo fato de haver tanto escravo a serviço da gente rica ou nobre.

O padrão de moralidade de duas faces prevalecia na década de 1850: idolatrava-se a mulher pura – a mulher lírio – enquanto os desregramentos sensuais do homem só de leve eram reparados. Em casas-grandes e sobrados patriarcais, não era raro os sinhozinhos se iniciarem na vida sexual profunda, desvirginando molecas, emprenhando escravas negras. Escravas que eram também emprenhadas pelos ioiôs da casa. Em alguns casos a sinhá da casa, generosa e tolerante, criava os filhos mulatos do marido com os brancos e legítimos.

É verdade que o Imperador Dom Pedro II – tão diferente, neste particular, do desbragado Pedro I – fixou padrões rigorosos de moralidade sexual para aqueles que formavam sua corte; ou que aspiravam eminência política. Foi Dom Pedro II uma espécie de Rainha Vitória de calças – apenas mais poderoso que a austera rainha inglesa – que fiscalizava os estadistas à maneira de um agente e até de um detetive de polícia: polícia moral. Polícia de costumes. É demais conhecido que ele recusava indicar homens públicos para posições de destaque no país e no estrangeiro por causa de irregularidades na vida privada – tradição que os líderes republicanos achariam caturrice conservar.

Mas a influência do Imperador exercia-se apenas nas altas esferas do mundo oficial. Nas grandes fazendas e nos opulentos engenhos, as irregularidades campeavam abertamente. Mulatas na flor da idade

---

[30] LAET, Carlos de. "Triste mas verdade." *Jornal do Brasil*, Rio de Janeiro, 1917.

[31] OLIVEIRA LIMA, Manuel de. Nísia Floresta. *Diário de Pernambuco*, Recife, 4 dez. 1919.

constituíam disfarçados haréns, nesses feudos: haréns onde tanto o senhor como os filhos satisfaziam todos os seus gostos sexuais, variando de mulheres: de tipos, de idades, de formas de corpo de mulher. Experimentando todas: das pretas retintas às mulatas claras. O dr. Rendu observou dos brasileiros: "sua paixão pelas mulheres não conhece freios; entregam-se sem reservas a essa paixão e não recuam nas tentativas para satisfazê-la". Dessas relações de senhores e "sinhozinhos" com escravas moças e quase sempre belas e sadias resultava substancial desenvolvimento no número de escravos. Toda uma prole de escravos surgia, em muitos casos, tendo como pai um descendente de europeu do melhor sangue; e, como mães, negras e sobretudo mestiças de todos os tipos e de todas as cores. De tais uniões de homens da melhor linhagem – os bem-nascidos – com suas escravas belas e moças, nasceram aqueles mestiços ladinos que, mesmo durante os últimos decênios do Império,[32] galgariam as proeminências do poder político, e dariam à República alguns de seus melhores líderes. O historiador Oliveira Lima nos informa pessoalmente serem vários os casos de mestiços desse tipo do seu conhecimento, chegando a mencionar dois presidentes da República nascidos, um no meado, outro pouco tempo depois dos meados do século XIX.[33]

Nas cidades brasileiras de 1850, o celibato não oferecia os encantos que hoje oferece nos centros sofisticados. Mas os celibatários gozavam de certos privilégios. A legislação social não os incomodava. Nem os incomodavam os padres que, também celibatários, por vezes desregrados na sua vida sexual, deviam sentir, com relação aos solteiros, aguda "consciência de espécie" – como diria um dos mais insignes mestres da Universidade de

---

[32] A cor não constituía barreira contra os direitos civis. Quando livre, o homem de cor tinha o direito de votar e era elegível para o Parlamento do Império.

[33] Nota à edição em língua portuguesa: o autor adverte de que ao escrever seu ensaio em língua inglesa, que somente agora aparece em língua portuguesa em excelente tradução do professor Waldemar Valente, desconhecia as vigorosas páginas, então recentíssimas, em que Mestre Gilberto Amado considerara já alguns dos aspectos fixados neste ensaio de modo com o qual o do autor, em vários pontos, coincide. Desconhecia também os estudos de Oliveira Viana, e os de A. P. de Figueiredo. Reafirma que procurou basear-se quase exclusivamente sobre fontes, isto é, MSS e documentos da época, cuja fisionomia social tentou reconstruir e interpretar. Empenhou-se em valer-se apenas dessas fontes, inclusive de informações recolhidas de sobreviventes da época considerada.

Columbia, o sociólogo Franklin Giddings. Celibatários e viúvos chegavam a publicar anúncios nos jornais dizendo precisarem de amantes desse ou daquele tipo, como outros anunciantes diziam precisar de casa, de ama de leite, de cocheiro.

Se eram numerosos os anúncios que ofereciam à venda ou a aluguel mulatinhas "honestas e recolhidas" ou crioulinhas "educadas" e também "recolhidas" que além de saberem – o caso de certa crioulinha de quem vêm anunciadas as virtudes num jornal da época, a qual lavava "muito bem de sabão", cozia e fazia "todo o mais serviço de huma casa" e era "mui carinhosa de tratar meninos, a cujo serviço está afecta", só sendo alugada com "a condição de não sair a rua" e só era empregada "por família honesta, por ser dita escrava honesta e de excelentes costumes", os anúncios de outro tipo não eram de todo raros.

Essa espécie de publicidade chocou, como era natural que chocasse, certo puritano norte-americano, o rev. Cleary – cujo diário em MS li na seção de MSS da Biblioteca do Congresso, em Washington. O reverendo cita alguns anúncios de jornais do Rio de Janeiro, um dos quais é o de "jovem inglês solteiro" que deseja "uma mulata moça para tomar conta de sua casa" – uma mulata moça "que seja pobre e a quem tudo será dado para fazê-la feliz". Anúncio de inglês já abrasileirado pelo ambiente patriarcal do Brasil nos meados do século XIX.

Em sua atitude para com a esposa, o brasileiro da década de 1850 era um verdadeiro patriarca à maneira romana. Dentro de casa concedia-lhe alguma autoridade. Fora, lhe era negado qualquer poder. Fora de casa, a mulher era apenas, legalmente e socialmente, a sombra do marido. "Ligeiro passeio, com a oportunidade de um namoro, é-lhe negado", observa outro norte-americano, C. S. Stewart, em seu livro sobre o Brasil patriarcal. Apontando as virtudes da matrona brasileira no *antigo regímen*, do qual ele é remanescente ilustre, Carlos de Laet diz que "ela sabia obedecer ao marido".[34]

Monsieur Expilly, francês um tanto feminista que visitou o Brasil na década de 1850, ficou indignado com o que chama, em livro sobre os costumes brasileiros, de "o despotismo paternal" e a "política conjugal"

---

[34] LAET. Op. cit.

que observou entre os súditos de Pedro II. "Os bordados, os doces, a conversa com as negras, o *cafuné*, o manejo do chicote e, aos domingos, uma visita à igreja eram as distrações que o despotismo paternal e a política conjugal permitiam às moças e às inquietas esposas."[35]

Enquanto a mulher da classe senhoril passava a maior parte de seu tempo no interior da casa, o homem – o homem senhoril da cidade – gastava grande parte do seu, fora – na rua, na praça pública, à porta de algum hotel francês, na repartição pública ou no armazém. A situação era muito parecida com a da Grécia antiga – essa Grécia também de senhores e de escravos cuja vida social venho estudando na Universidade de Columbia, em curso ministrado pelo professor Alfred Zimmern, da Universidade de Oxford; e que era uma Grécia onde o povo acreditava, como o sábio Xenofonte, que "convém mais a mulher ficar em casa que sair, e é mais desonroso para o homem permanecer dentro de casa do que cuidar de seus negócios fora de casa".

Os homens brasileiros, à maneira dos gregos, gostavam das camaradagens fáceis e ligeiras da rua e da praça pública; e na rua e na praça pública discutiam política, Donizetti, a lei Aberdeen; e realizavam negócios ou transações de contos de réis. Sampaio Ferraz, em sua excelente obra *O molhe de Olinda*, recorda que em Pernambuco, durante a última metade do século XIX, os negócios mais importantes eram resolvidos fora de casa, debaixo das árvores da Lingueta. Litogravuras da época, da Coleção Oliveira Lima, mostram-nos as ruas Direita e o Largo da Alfândega, no Rio de Janeiro, e a Lingueta, na capital de Pernambuco, cheios de grupos de homens, conversando, fumando, tomando rapé, enquanto carregadores de café ou de açúcar corriam com suas cargas, nus da cintura para cima, pele luzidia, dorsos oleosos de suor. A noção de lar não era tão forte entre os homens brasileiros, moradores de sobrados, ao tempo em que a família patriarcal estava em seu pleno vigor, que os fizesse caseiros em seus gostos e em seus hábitos. Não possuíam eles clubes mundanos – a menos que aceitemos como tais as lojas maçônicas. A rua era seu clube. Um clube ao ar livre: a rua, a praça, o largo da matriz, a porta da botica. Que os brasileiros da cidade, na década

---

[35] EXPILLY, Charles. *Les femmes et les moeurs du Brésil*. Paris, 1864, p. 372.

de 1850, não encontravam grande atração nos lares parece fato tranquilo. Entretanto um viajante francês, Luís De Freycinet, observara, ainda na década 1830, mal saído o Brasil de regímen colonial, que os brasileiros passavam grande parte do tempo em casa, dormindo; e só outro tanto fora de casa. Algumas vezes recebiam amigos em suas salas ou em seus alpendres. Daí, precisarem apenas – conjecturava o francês – de uma sala de visitas e de quartos de dormir.

Nos anos de 1850, as casas urbanas – os sobrados patriarcais – eram praticamente as mesmas que De Freycinet conhecera. Eram pesadas e sólidas, como aquelas gordas torres mouriscas de outrora que coisa alguma parecia abalar; e onde os mouros guardavam suas mulheres e deixavam-nas também engordar. De paredes grossas, algumas eram construídas de pedra misturadas com argamassa. Ewbank informa-nos que eram "quase sempre de dois." "As paredes", escreve ele, "são de pedra grosseira revestida de reboco de cal e barro, que lhes dá a aparência de caiadas." "Alguns proprietários" – continuo a citar Ewbank – "mostram seu gosto pintando o reboco em quadrados ou de outra maneira; o azul-claro e o róseo são as cores favoritas."[36] Nessas velhas casas, algumas das quais sobre-existem, havia grandes biqueiras nos algerozes dos telhados, por onde as águas das chuvas escorriam sobre as ruas estreitas.

A planta da antiga casa brasileira de cidade – do sobrado patriarcal – era, em vários casos, a mais inadequada aos seus fins – a convivência patriarcal – que se pode imaginar. Em verdade, nesse particular, alguns sobrados dos meados do século XIX chegavam a ser obras-primas de estupidez arquitetônica. O norte-americano Kidder hospedou-se numa casa em Pernambuco onde "o andar térreo era chamado de armazém e era ocupado, durante a noite, pelos escravos do sexo masculino; o segundo andar fornecia aposentos para escritórios etc.; o terceiro e o quarto serviam de salas de estar e de cômodos para alojamento;

---

[36] EWBANK, Thomas. *Life in Brazil or a journal of a visit to the land de Cocoa and the Palm*. Nova York, 1856, p. 86.

o quinto, de salas de jantar; e o sexto, de cozinha".[37] Naturalmente, semelhante arranha-céu não era residência típica de um patriarca de cidade daqueles dias. Mas causa admiração que houvesse então casas construídas em cidades do Brasil como se houvesse falta de espaço; e que eram habitações escuras e tristonhas. A maior parte das casas urbanas de gente abastada mantinha cocheira e estábulo no andar térreo, pois nas décadas de 1840 e de 1850, pelo menos no Rio e em Pernambuco, as carruagens de assentos luxuosamente almofadados e de postilhões negros elegantemente vestidos haviam já substituído as velhas *cadeirinhas*, os palanquins e as chamadas serpentinas. Essa substituição foi mais lenta na Bahia e em Minas Gerais.

Examinei, ao reunir material para escrever este ensaio, numerosas litografias e fotografias em que aparecem os veículos aristocráticos da

---

[37] FLETCHER & KIDDER. p. 515. William Scully, no seu *Brazil*, escrito especialmente, nos meados do século XIX, "*for the merchant and the emigrant*" e publicado em Londres em 1866, escreveu à página 152 dos sobrados de residência mais antigos do Rio de Janeiro de então que "*afford miserable accommodation, more specially as the sleeping closets, called alcovas, are all without windows, the Brazilians usually devoting their best rooms to ostentation...*". Segundo ele, os brasileiros dos meados do século XIX, neste particular, muitas vezes sacrificavam "*the useful to the ornamental*". Exagerava decerto: o perigo das generalizações baseadas num critério exclusivamente europeu, da parte de observadores estrangeiros, do que devesse ser considerado bom ou útil no Brasil. Mesmo nas cidades havia casas cujo principal conforto resultava precisamente de não se assemelharem a residências europeias; e em guardarem traços orientais. Sobreviventes da época aqui considerada recordam-se de vantagens de suas casas. Para um deles o melhor encanto da velha residência patriarcal dos seus pais, numa das principais cidades do Império, estava em não ser demasiadamente exposta aos excessos do sol e à luz, mas resguardada deles pelas grossas paredes que à maioria dos estrangeiros pareciam absurdas. Isso sem nos referirmos às casas-grandes mais senhoris do interior; ou às residências de subúrbios, algumas, aliás, de ingleses. O próprio Scully viu algumas na Tijuca, residências de homens de negócio, que lhe pareceram "*more appropriate for dreaming poets than for such energetic and business-like individuals*". Não é de admirar que José de Alencar tenha se engraçado da filha de um desses residentes de casas líricas: moça com quem se casou.

Os sobrados ou as casas assobradadas, consideradas "casas nobres", marcavam então numa vila brasileira sua tendência para tornar-se cidade. E o Rio de Janeiro, no Sul, Salvador da Bahia, Olinda, o Recife, São Luís do Maranhão, Santa Maria de Belém, no Norte e no Nordeste, Ouro Preto, no Centro, é que davam às vilas os modelos para esse tipo de "casas nobres", que foram se espalhando pelo Império, à medida que a prosperidade de certas populações rústicas lhes foi permitindo se elevarem de vilas a cidades. Sobrados às vezes de azulejo. Com eles contrastavam tanto nas cidades maiores como nas menores, as casas de palha; às vezes cobertas muito brasileiramente com folhas de catolé, e sem que se deixasse de acrescentar, nas terras de açúcar, o bagaço da cana ao revestimento de paredes.

época; e possuo a fotografia da carruagem que pertenceu a abastado negociante de café do Rio de Janeiro, nos meados do século XIX – carruagem puxada por quatro cavalos brancos, com um cocheiro preto de libré e um postilhão. Na Bahia, como em Minas Gerais, a introdução de carruagens de luxo parece ter sido retardada – na Bahia até a década de 1700 – pelas ruas ladeirosas de Salvador.

A mobília dos sobrados patriarcais – mesas, sofás, cadeiras, marquises, camas – era também pesada, sólida, feita de jacarandá, de vinhático e de outras nobres madeiras nativas. Toda sala de visitas tinha um grande sofá, em cujas extremidades se alinhavam filas de cadeiras. Na arrumação havia uma ideia infantil de simetria – refiro-me ao modo como a criança alinha os soldadinhos de chumbo para a batalha – nas filas retas e regulares das cadeiras: primeiro, as de braço, depois, as simples. Em algumas casas o sofá e as cadeiras eram enfeitados com laços de fitas de cor. Raramente faltava um piano, pois, como Francis de Castelnau observou, no Brasil "em quase todas as casas vê-se ou ouve-se um piano, muitas vezes mesmo nas mais pobres".

Quando as visitas chegavam, realizavam-se às vezes jogos de salão, como o *pilha-três*. Também uma sonata ou uma polca era executada ao piano por uma senhora, da casa ou visitante. Acompanhados ao piano, recitavam os rapazes poemas de poetas favoritos da época. Algumas vezes o dono da casa, virtuoso da flauta ou do violino, regalava as visitas com a sua arte. Não poucos homens desse tempo tocavam violino ou flauta. Meu avô paterno – um caso típico – um senhor de engenho no sul de Pernambuco e, ao mesmo tempo, armazenário de açúcar no Recife – era virtuoso do violino. A grande sensibilidade à música possivelmente terá tornado alguns escravocratas brasileiros particularmente benévolos e delicados em suas relações com os escravos.

De Freycinet esqueceu que os brasileiros, quando patriarcais, precisavam não somente de sala de visitas e de muitos quartos de dormir, mas de grande sala de jantar. Isso tanto nos sobrados das cidades como nas casas-grandes do interior. As famílias eram numerosas e gostavam de receber amigos para o jantar. Era nas mesas, nos grandes pratos cheios de gorda carne de porco com feijão--preto, de pirão – espécie de pudim oleoso que o escritor Artur de

Oliveira celebrava na sua prosa colorida –, de canjica, de pães doces, de doces, de bolos e de sobremesas frias, que os brasileiros mostravam sua melhor hospitalidade patriarcal. Os estrangeiros regalavam-se nas iguarias com que os patriarcas enchiam as mesas, especialmente doces e cremes de frutas nativas, como laranjas, maracujás, goiabas e mangas. Max Radiguet, o mais epicurista de todos os estrangeiros que visitaram o Brasil dos meados do século XIX, explica que "as frutas mais esquisitas e mais perfumadas, sabiamente combinadas com os ingredientes comuns, deliciam o paladar e o olfato".[38] Não era fácil, na época, o fabrico de sorvetes: dependia da chegada de patachos, de ordinário norte-americanos, que trouxessem para as cidades tropicais do Brasil as muitas toneladas de gelo de que os fabricantes de sorvetes precisavam para o preparo daqueles deliciosos refrescos.

Em muitas casas, as sobremesas eram preparadas pela própria sinhá-dona, que, também com as próprias mãos, servia os pratos. Costume inteligente, adotado, em relação com o convidado para o jantar, era o de oferecer-lhe o anfitrião, logo depois da chegada do mesmo convidado, um casaco leve de linho, de seda ou de alpaca. Informa-nos um viajante que "toda vez que uma pessoa é convidada para jantar de cerimônia, espera-se sempre que apareça de casaco de fazenda preta; logo à chegada é convidado a despi-lo e lhe é oferecido outro de fino linho".[39] Esse costume dos dias de esplendor patriarcal no Brasil seria seguido por alguns brasileiros durante o período de decadência do sistema: decadência que se verificaria em ritmos desiguais nas várias regiões que constituem o Brasil: todo ele de formação patriarcal. Pois o sistema, tendo se exprimido com seu mais ostensivo vigor nas regiões agrárias – a do açúcar e a do café, principalmente –, vigorou também nas pastoris e por algum tempo nas industriais e urbanas. Os meados do século XIX constituem época sociologicamente ideal para a interpretação do sistema patriarcal no Brasil, por ter sido um período em que se manifestaram, em seu esplendor, os vários tipos de patriarcalismo brasileiro que podem ser assinalados – o agrário, o pastoril, o urbano – com

---

[38] RADIGUET. Op. cit. p. 256.

[39] WARREN. *Pará.* p. 67.

os sobrados urbanos prolongando o estilo de vida patriarcal desenvolvido nos engenhos, nas fazendas e nas estâncias. Prolongando-o e dando-lhe novos aspectos. Um desses aspectos, o começo de transferência de valores aristocráticos já amadurecidos em casas-grandes já antigas de engenhos do Norte do Brasil – de Pernambuco e da Bahia, especialmente – para casas-grandes recentes – como casas-grandes aristocráticas – de São Paulo e de outras partes do sul do Império. Entre os valores aristocráticos assim transferidos, os próprios escravos já adaptados à convivência patriarcal pela sua vida em casas-grandes do Norte: casas que, com a decadência da economia do açúcar, principiaram a se desfazer de suas obras de servos, vendendo os excedentes e supérfluos a negociantes que, por sua vez, os vendiam aos então já prósperos senhores do Sul, desejosos de juntarem à sua nova riqueza a assimilação de ritos sociais e de maneiras fidalgas de convivência desenvolvidas pelos aristocratas, então já mais do que maduros, de Pernambuco. São numerosos os anúncios em jornais brasileiros das décadas de 1850 e 1860 que se referem à compra, em trapiches de negociantes especializados no comércio interprovincial de negros, de escravos para exportação. Dava-se preferência, nessas compras, a pretos crioulos de boa figura, de catorze a vinte anos de idade.

Em quase todas as casas patriarcais do Brasil dos meados do século XIX, dizia-se o *Benedicite* antes das refeições, e *Gratias* ao terminar, reunindo-se os escravos na breve cerimônia. Depois de dizer-se *Gratias*, todos faziam o sinal da cruz.

A religião – a católica, é claro – exercia função importante na vida de família do Brasil nos meados do século XIX. A educação doméstica, isto é, a tarefa não só de educar como de instruir meninos e meninas nas casas patriarcais, tinha profundo cunho católico. As crianças aprendiam com as mães a ser piedosas, temendo a Deus Todo-Poderoso: um Deus que via tudo o que se fazia entre os homens e registrava em enorme caderno, para futuro castigo, todos os pecados de adultos e de meninos. Ouviam de mães, de avós, de mestres, histórias da Virgem Maria e de seu filhinho – o Menino-Deus – que se tornara Homem e Salvador dos Homens. Aprendiam a rezar o Padre-Nosso, o Credo, a Ave-Maria, a Salve-Rainha e o catecismo.

Faziam cada um orações ao levantar-se, pela manhã, e à noite, ao recolher-se. Quando iam dormir, aproximavam-se dos pais e de todas as pessoas mais velhas para receberem a bênção. Pelo menos uma vez por ano, os pais levavam os filhos para o altar da Sagrada Comunhão e para a confissão.[40] Os pais mais religiosos mandavam, nas cidades, os filhos para a igreja paroquial ajudar a missa como coroinhas. A maior parte dos engenhos tinha suas capelas, onde os mortos queridos da família eram patriarcalmente enterrados, em vez de serem levados para o cemitério: mesmo depois de mortos continuavam próximos à família e membros de uma comunidade particular. Quase toda casa de cidade tinha o seu oratório, com imagens, em redomas de vidro; e diante do qual a família se reunia para o culto, numa atmosfera perfumada de incenso e de essência de rosas. A família, é claro que incluía, além de pais e filhos, de compadres e afilhados, a parentela; e além da parentela, mucamas, pajens, toda a escravaria doméstica.

A disciplina doméstica tinha como base o temor de Deus. Mas se este falhava, entrava vigorosamente em ação o chicote. A severidade era, frequentemente, exagerada. Rapazes de quinze anos eram castigados por ofensas que um pai de época posterior consideraria leves. Um filho solteiro de mais de vinte anos não ousava fumar na presença do pai. As moças nunca tomavam parte na conversa dos mais velhos, a não ser quando especialmente convidadas.[41] Os escravos eram espancados quando surpreendidos em maus feitos; e punidos com o "tronco" ou com a "máscara", quando apanhados em vícios perniciosos ou em flagrantes de furto. A sinhá-dona trazia quase sempre um chicote. O francês um tanto feminista Expilly colocou o manejo do chicote entre as principais ocupações da matrona brasileira. Havia extremos de sadismo, no manejo do chicote, por parte de brancos com relação a negros, de senhores com relação a escravos. Mas eram extremos semelhantes àqueles em que às vezes se desgarravam pais

---

[40] Laet diz em seu artigo "Triste, mas verdade", em *Jornal do Brasil*: "Uma vez ao menos durante o ano, pais e filhos revistavam a consciência e juntos se apresentavam à mesa eucarística".

[41] Laet diz: "As meninas... nunca levantavam a voz em presença dos mais velhos, nem tomavam parte nas conversas, se a isso não foram convidadas".

nos castigos a que submetiam os filhos, ou velhos, nas punições que patriarcalmente infligiam aos meninos.

Aos oito ou nove anos, era a menina de família patriarcal mais opulenta enviada para um internato religioso, onde ficava até aos treze ou catorze. Aí, sua educação, começada em casa, continuava. Aprendia a delicada arte de ser mulher. Música, dança, bordado, orações, francês e às vezes inglês, leve lastro de literatura eram os elementos da educação de uma menina num internato escolar. Voltava muito romântica, algumas vezes criaturinha encantadora, lendo Sue, Dumas e George Sand, além de saborear folhetins, por vezes melífluos, quase sempre delicadamente eróticos, publicados então pelos principais jornais do Império para o seu público feminino. Sabia rezar. Sabia dançar. As danças da época eram a quadrilha, os lanceiros e a polca. Dançá-los bem, ser leve como uma pluma e tênue como uma fita de seda era o máximo ideal de uma moça – contou-me ilustre senhora, crescida nos meados do século XIX; e que tomou aulas de dança com o mesmo professor da Princesa Isabel.

Note-se dos internatos elegantes para meninas que vários, na época aqui considerada, foram se tornando casas de ensino mantidas menos por particulares – nacionais ou estrangeiros – e por mestres brasileiros, do que por religiosas francesas. Tornou-se moda – que se prolongaria por todo o século XIX – a menina de família ilustre receber de religiosas francesas a sua educação que incluía, como era natural que incluísse, o aprendizado da língua de Bossuet. A tal ponto que as preceptoras que os senhores de engenho mais ortodoxamente patriarcais da época – os que, não enviando as filhas para internatos das cidades, desejavam instruí-las em casa – anunciavam, nos jornais, precisarem para encarregar-se de tal ensino eram senhoras que soubessem iniciar as meninas no conhecimento da gramática portuguesa, da geografia, da música, do piano; e que, também, as instruíssem no conhecimento da língua francesa: não só no traduzir como no falar dessa língua.

As mulheres amadureciam cedo. Os anos de infância raras vezes estouvada eram curtos. Aos catorze ou quinze anos, a menina vestia-se já como uma grave senhora. Os daguerreótipos da época trazem até nós figuras de meninotas amadurecidas antes de tempo em senhoras: senhoras tristes, tristonhas. Docilidade e mesmo acanhamento eram a principal graça de uma sinhazinha. A menina aprendia a ser tímida ou, pelo menos, a mostrar-se tímida diante dos estranhos, como se aprendesse uma arte. A moça brasileira da década de 1850 tornava-se por vezes mestra dessa delicadíssima arte, a timidez. "Possivelmente, eram muito tímidas" – escreve Carlos de Laet das moças da época aqui evocada – "mas eram adoráveis na sua timidez".[42] Quando, porém, lhes era dada oportunidade, as moças mais acanhadas tornavam-se o seu tanto alegres e tagarelas. Alegres e tagarelas na intimidade: entre elas mesmas e suas mucamas e os rapazes, seus primos ou íntimos, tanto quanto os primos de suas famílias. Falando da sociedade brasileira dos meados do século XIX, Max Radiguet refere-se ao costume que as moças tinham de ir à capela imperial no Rio de Janeiro, onde excelente orquestra, acompanhada por um coro de sopranos italianos, tocava todas as sextas-feiras, ao anoitecer. Aí, "durante todo o tempo do concerto religioso, as mulheres agachadas sobre tapetes tomavam, sem escrúpulo, sorvetes e gelados com os jovens que vinham conversar com elas no lugar santo". Quando tais encontros alegres, à sombra da igreja, não eram possíveis – e o costume era condenado por alguns ortodoxos das boas maneiras, como condenadas por eles haviam sido as danças nas igrejas: na época já desaparecidas –, os galanteios tinham de ser bem mais platônicos. Havia, por exemplo, galanteios por meio do leque – isto é, as moças faziam seus leques falar uma linguagem particular de amor que todos os namorados deviam compreender. "Tudo dependia do modo de pegar o leque", explicou-me veneranda senhora, enquanto seus dedos afilados e brancos seguravam delicado leque antigo, de mil e um modos diferentes, para ilustrar as recordações daquele modo como que maçônico e, com certeza, secreto, de utilizar-se uma sinhazinha do complemento aparentemente tão sem importância de graça feminina de outrora.

Geralmente, porém, o casamento não resultava de galanteios românticos. Resultava de mecanismo menos lírico do sistema patriarcal de família.

---

[42] "... talvez demasiadamente acanhadas, mas adoráveis mesmo nessa timidez".

Uma Mello do século XIX: Dona Francisca da Cunha Teixeira de Mello, esposa de Ulysses Pernambucano de Mello. (Coleção particular de Gilberto Freyre.)

Escrava parteira de engenho da zona sul de Pernambuco, usando a indumentária típica das parteiras curiosas da segunda metade do século XIX. (Reprodução de original da Coleção Francisco Rodrigues.)

José Carneiro da Silva, primeiro Visconde de Araruama (1788-1864), senhor de Quissamã (Casa de Mato de Pipa), no Rio de Janeiro. (Reprodução de retrato dos meados do século XIX, fornecido ao autor pelo historiador Ribeiro Lamego.)

Ama de leite no trajo típico das amas de leite brasileiras da segunda metade do século XIX. (Reprodução de original da Coleção Francisco Rodrigues.)

Senhora de engenho (do sul do Império) e baronesa (de São Vicente de Paulo), Dona Ana Gregório de Gusmão Miranda. (Reprodução de original da década de 1860, da Coleção Ribeiro Lamego.)

Comendador José Pereira de Araújo, senhor do Engenho Bamburral, Amaraji (Pernambuco), e seu filho, conhecido pelo apelido de "o doutorzinho de Escada". Pai e filho em trajos próprios da aristocracia açucareira, na segunda metade do século XIX. (Reprodução de original da Coleção Francisco Rodrigues.)

Duas sinhazinhas na indumentária característica das sinhazinhas do Nordeste brasileiro dos meados do século XIX. De pé, Maria da Conceição Lins de Albuquerque, filha do Conde da Boa Vista, e conhecida pelo apelido de "Condessinha". (Reprodução de original da Coleção Francisco Rodrigues.)

Barão de Amaragi, Antônio Alves da Silva. Senhor do Engenho Amaragi, de Pernambuco. (Reprodução de original da Coleção Francisco Rodrigues.)

Mãe preta, com toiozinho, trajando vestido de tafetá, xale de seda ao ombro, de acordo com o trajar de cerimônia das mães pretas brasileiras do século XIX. (Coleção Rodrigues, Museu do Açúcar, Recife.)

Ana dos Anjos Correia de Araújo, primeira esposa do bacharel Joaquim Correia de Araújo, que foi governador de Pernambuco. Ostenta penteado de nítida influência europeia. (Reprodução de original da Coleção Francisco Rodrigues.)

Negra de ganho, vendedora de doces (Recife). Xale ao ombro e turbante à cabeça, muito do gosto das escravas domésticas do Brasil patriarcal, nos meados do século XIX.
(Reprodução de original da Coleção Francisco Rodrigues.)

Um filho do comendador Crisanto, de Cacumanga (Rio de Janeiro), de carlota e sobrecasaca, trajo característico dos "senhores acadêmicos", isto é, estudante de Direito e de Medicina dos meados até quase o fim do século XIX.
(Reprodução de original da Coleção Ribeiro Lamego.)

Família do senhor do Engenho Goiana (Pernambuco), Joaquim Correia de Andrade Lima. O trajo dos meninos, característico da segunda metade do século XIX, dá-lhes a aparência de pequenos homens. (Reprodução de original da Coleção Francisco Rodrigues.)

Serafim Velho Pessoa de Albuquerque e esposa, senhores do Engenho Matari, Nazaré da Mata, Pernambuco, na segunda metade do século XIX. (Reprodução de original da Coleção Francisco Rodrigues.)

Filha do Comendador Crisanto, de Cacumanga, Rio de Janeiro, em trajo típico das sinhazinhas brasileiras dos meados do século XIX: décadas de 1850 e 1860. (Reprodução de original da Coleção Ribeiro Lamego.)

"Quem pode ver-te sem querer amar-te
Quem pode amar-te sem morrer de amores?"

Dona Anunciada Camila Alves da Silva. Nascida em Goiana (Pernambuco) a 25 de março de 1815, sendo seu pai um Peretti e sua mãe uma Monteiro, e falecida no Manguinho (Recife), a 12 de novembro de 1888, no sobrado grande, hoje de propriedade da família João Tavares. Casada com Herculano Alves da Silva, deixou quatro filhos. Foi, nos meados do século XIX, famosa pela sua beleza e inspirou a Maciel Monteiro (Barão de Itamaracá) versos que se tornaram célebres. O retrato que aqui aparece numa reprodução (Coleção de Gilberto Freyre) é obra de meados do século XIX, atribuída a um pintor italiano, e pertence hoje à distinta família residente na capital da Paraíba.

Isabel de Sousa Leão, senhora do Engenho Tapera, Jaboatão (Pernambuco), em vestido típico do trajar das senhoras de engenho da segunda metade do século XIX: vestido de tafetá escuro, de aba rodada, arrastando no chão, recoberto por capota, provavelmente do mesmo tecido. (Reprodução de original da Coleção Francisco Rodrigues.)

Ana Vitória de Sá e Albuquerque, da família dos senhores do Engenho Guararapes, Jaboatão (Pernambuco). Viveu, aproximadamente, dos meados do século XIX à terceira década do século XX. Seu vestido de tafetá preto, de aba rodada e arrastando no chão, era moda na segunda metade do século XIX. No fim da vida arrastara velhice ridícula: enfeitava-se exageradamente, merecendo da irreverência popular o apelido de "Dondon Enfeitada". (Reprodução de original da Coleção Francisco Rodrigues.)

Augusto de Sousa Leão, senhor de engenho e Barão de Cairá (Pernambuco), e filhas. As meninas, em trajo austero, característico do vestir das meninas da segunda metade do século XIX, têm o ar grave de respeitáveis matronas. (Reprodução de original da Coleção Francisco Rodrigues.)

Senhora de fazendeiro fluminense em vestido típico do trajar das iaiás brasileiras das décadas de 1850 e 1860. (Reprodução de original da Coleção Ribeiro Lamego).

Antônio de Siqueira Cavalcanti, senhor do Engenho Matapagipe, Cabo (zona sul de Pernambuco), em indumentária característica dos senhores de engenho da segunda metade do século XIX; sobrecasaca e colete escuros, possivelmente de alpaca, calças claras de flanela ou de linho, bengala encastoada, o dignificante emblema de comendador. (Reprodução de original da Coleção Francisco Rodrigues.)

Antônio Gonçalves Pereira Lima, negociante de açúcar em Pernambuco, na segunda metade do século XIX. A casaca representa um dos modelos de cerimônia da moda masculina da burguesia açucareira do Brasil. (Reprodução de original da Coleção Francisco Rodrigues.)

André Dias de Araújo, senhor de engenho e Barão de Jundiá (zona sul de Pernambuco). A sobrecasaca e a calça de feltro, de vincos laterais, pespontados e salientes, caracterizavam a indumentária da maior parte dos senhores de engenho do Nordeste brasileiro, na segunda metade do século XIX. (Reprodução de original da Coleção Francisco Rodrigues.)

Lourenço de Sá e Albuquerque, Visconde de Guararapes, senhor do Engenho Velho, Cabo (Pernambuco). A sobrecasaca e a calça de vinco lateral, pespontado e saliente, estavam em moda, na segunda metade do século XIX. (Reprodução de original da Coleção Francisco Rodrigues.)

Menina fluminense em vestido típico do trajar das meninas brasileiras das décadas de 1850 e 1860. (Reprodução de fotografia da Coleção Ribeiro Lamego.)

Maria Ana Barreto de Souza Leão, senhora do Engenho Macujé, Jaboatão (Pernambuco). O vestido de tafetá, de colarinho fechado, com babados superpostos e aba rodada tocando ao chão, mangas compridas até as mãos e o estilo do penteado faziam parte da moda feminina da burguesia açucareira nordestina do século XIX. (Reprodução de original da Coleção Francisco Rodrigues.)

Casa-grande dos Airizes (Rio de Janeiro), famosa pela sua hospitalidade patriarcal.
(Reprodução de original da Coleção Ribeiro Lamego.)

Constantino Barza, célebre fotógrafo da burguesia açucareira de Pernambuco da segunda metade do século XIX, sucessor do também célebre na arte de tirar retrato Alberto Henschel. O casaco, de traspasse alto e gola curta, e a gravata de manta de seda compõem o trajo típico dos artistas, principalmente pintores e fotógrafos da época, tanto no Brasil como na Europa. (Reprodução de original da Coleção Francisco Rodrigues.)

Casa-grande do Engenho Monjope (Pernambuco) de um ramo da família Carneiro da Cunha e famosa por suas festas nos meados do século XIX. (Reprodução de original da Coleção da Diretoria de Documentação e Cultura do Recife.)

Reprodução de página ilustrada referente a um sobrado patriarcal brasileiro dos meados do século XIX de um artigo sobre a arquitetura do Brasil da mesma época, pelo engenheiro francês L. L. Vauthier, que esteve no Nordeste brasileiro de 1840 a 1846, na Revue de l'Architecture et les Travaux Publics, *de Paris. Veja-se* Um engenheiro francês no Brasil, *de Gilberto Freyre.*

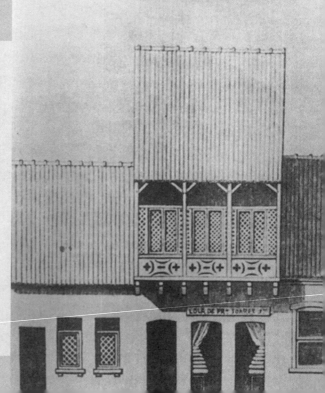

O homem com quem a moça, de pouco mais de treze anos, se casava, raramente era de sua própria escolha. A escolha era de seus pais ou simplesmente de seu pai.

Um viajante estrangeiro descreve como se faziam os pedidos de casamento: "Certo dia o pai entra na sala de visitas, acompanhado por um cavalheiro desconhecido, às vezes já quase velho ou já maduro. – *Minha Filha*, adverte ele, *este é o seu futuro esposo*".[43] Algumas vezes, o "futuro esposo" era uma surpresa agradável – um jovem pálido, de vinte e três a vinte e cinco anos – para uma menina de catorze ou quinze – com um rubi de Bacharel em Direito ou uma esmeralda de Doutor em Medicina cintilando no dedo esguio, bigodes perfumados, cabelos amaciados ou abrilhantados pelo cosmético da moda, um herói que escapara de alguma luzente oleogravura germânica ou das páginas de uma novela de Macedo. E o amor romântico desenvolvia-se entre os noivos. Mas, outras vezes, o "futuro esposo" era um *nouveau riche* português, gordo, nédio, já de meia-idade – para menina igualmente de quatorze ou de quinze anos –, pescoço curto e mãos grosseiras. Talvez, no íntimo, pessoa muito delicada. Mas, para uma moça sentimental da década de 1850, era um golpe de morte a figura de um noivo dessa espécie. Todavia, ela quase sempre o aceitava – por mais burguesmente redondo que ele fosse –, não passando tal casamento de ajuste entre os pais. Casamentos infelizes realizados nessa base tornaram-se tema favorito dos escritores brasileiros de ficção nas décadas de 1860 e de 1870. *A história de uma moça rica*, de Guimarães, é exemplo típico da literatura desse tipo: literatura como que de protesto social como foi, também, grande parte da produzida por José de Alencar. Mas, nesse particular, certa discriminação deve ser feita: alguns casamentos arranjados pelos pais resultavam tão felizes como os casamentos realizados lírica ou romanticamente.

Casamentos precoces significavam proles também precoces. Aos quinze anos, a moça era geralmente mãe. Algumas vezes era mãe aos catorze e mesmo aos treze anos. O Reverendo Walter Colton escreveu em seu diário: "Mostraram-me hoje uma mulher brasileira de doze anos de idade, mãe de dois filhos, que brincavam a seus pés". E acrescenta ele: "... as mulheres aqui casam-se muito jovens. Quase nenhuma experiência

---

[43] *Brazil: its history, people, natural production.* p. 175.

têm dos bebês de brinquedo, quando começam a sorrir e chorar com os de verdade".[44] O resultado é que cedo perdiam o viço, a alegria da mocidade descuidada tendo passado depressa.

O menino, também, crescia como se fosse desde os oito anos adulto ou homenzinho. Aos dez anos era uma caricatura de homem. Também neste particular os daguerreótipos da época trazem até nós figuras às vezes tristonhas de meninos amadurecidos em homens antes de tempo.

A prematuridade de Dom Pedro II pode ser tomada como exemplo. Fez-se imperador aos quinze anos e logo tornou-se pensativo e grave. Aos vinte e tantos era já um velho com as barbas e o aspecto de um avô. A juventude fugira dele a galope. A educação brasileira favorecia, num Brasil ortodoxamente patriarcal como foi o dos meados do século XIX, a prematuridade do menino.

Muito cedo era o menino de família patriarcal, abastada, rica ou simplesmente remediada, enviado para o colégio, onde ficava sob regímen de internato. Embora sua casa ficasse às vezes nas vizinhanças do colégio, só muito raramente – em geral, uma vez por mês – tinha permissão para visitar a família. Recebia sempre de casa caixas de bolos e de doces. Mas nunca brinquedos. Brinquedos eram para crianças. Ele tinha nove ou dez anos: já era um homenzinho. Ou quase um homem.

Em geral, estudava o colegial dos meados do século XIX com afinco sua Gramática latina, sua Retórica, seus clássicos franceses, sua História Sagrada, sua Geografia. Quando o grande momento dos exames finais chegava, ele, de ordinário, brilhava, respondendo bem tudo que o padre fulano de tal perguntava sobre Horácio, Noé, Rebeca, regras de pontua-ção, o verbo *amare*. E tudo que algum outro professor perguntava sobre Racine, o Vesúvio e muito mais que se podia imaginar. Nessa ocasião, o filho de família mais letrada recebia do pai um presente: *Os lusíadas*, ou *O paraíso perdido*, de Milton.

Ia à missa aos domingos, algumas vezes servindo de coroinha, de batina escarlate. Embora ainda quase criança, esse menino, cedo tornado caricatura de homem, ostentava na rua chapéu preto de copa dura e usava bengala. Só antes de tornar-se muito mais homem do que menino,

---

[44] COLTON. Op. cit. p. 108.

sendo ainda menino, os pais lhe permitiam trajos menos severos que os de quase homens. Estiveram em voga, na época, entre as famílias brasileiras mais elegantes das cidades, trajos quase carnavalescos para os meninos de menos de nove anos. Trajos imitados dos de personagens de ópera: daquelas óperas mais em voga, naqueles dias, entre os aristocratas do Império. Ou fossem – os anúncios de jornais dos meados do século XIX nos permitem acompanhar essas imitações wildianas da arte pela vida – "jaqués de veludo à espanhola", "Puritano", "Trovador", "Zuavo", "Prussiano", e para as meninas "Traviata", "Lucrécia Bórgia", "Rainha Vitória", "Imperatriz dos Franceses".

Do menino brasileiro da década de 1850 escreve o Rev. Fletcher: "... antes dos doze anos, parece um pequeno velho, com seu chapéu preto de copa dura, colarinho empertigado e bengala; na cidade, passeia como se todo o mundo estivesse olhando para ele e como se estivesse espartilhado. Não corre, não salta, não roda arco de barril, não joga pedras, como os meninos da Europa e da América".[45] "No colégio, além dos 'rudimentos ordinários de educação', ele aprende – escreve o Rev. Fletcher – a 'ter boa caligrafia', que constituía então 'habilidade universal entre os brasileiros'. Muitos dos meninos das classes mais altas eram também 'bons músicos'..."[46]

O médico francês Dr. Rendu, que conheceu o Brasil Imperial da primeira metade do século XIX, despeja sobre o menino brasileiro seu humor cáustico: "Aos sete anos", escreve ele, "o jovem brasileiro já possui a austeridade de um adulto. Caminha com ar majestoso, de chibata à mão, orgulhoso da roupa que ostenta e que o faz assemelhar-se mais aos bonecos de nossas feiras que a um ser humano."[47]

Vejam-se as fotografias de meninos brasileiros dos meados do século passado. São criaturas de olhos doces, de ar tristonho, de aparência seráfica, de cabelos amaciados pela muita brilhantina de que então abusava; crianças vestidas – quando já de mais de nove anos – como

---

[45] FLETCHER & KIDDER. Op. cit. p. 176.

[46] Ibid

[47] RENDU. Op. cit. p. 14.

gente grande e esforçando-se para parecerem velhas, que surgem dos velhos álbuns brasileiros de família: os das primeiras fotografias. Ou dos daguerreótipos: esses daguerreótipos que tiveram tanta voga entre os brasileiros mais elegantes, desde a década de 1840; e que trazem ao brasileiro de hoje imagens tão vívidas da aparência e dos trajos dos seus antepassados. Vários desses daguerreótipos são do europeu J. Evans, que em 1843 já estava em atividade no Brasil: antes, portanto, de Augusto C. Stahl, que, na década de 1850, retratou em daguerreótipos muito brasileiro de prol: inclusive o Imperador Dom Pedro II e a Imperatriz. Chamavam-se seus *ateliers*, nos anúncios de jornais da época, "oficinas" ou "galerias de daguerreótipos".

Aos quinze ou dezesseis anos, o menino terminava os estudos no colégio. Estava em tempo de ir para a escola superior. Para a Academia, como então se dizia: Academia de Direito, Academia de Medicina. O estudante de uma dessas academias não era um estudante qualquer: era um Senhor Acadêmico.

Como nos esponsais das moças, a escolha de profissão ou de carreira do filho, geralmente, era a do pai ou da família. A tendência era para espalhar os meninos em escolas diferentes, de modo que a família patriarcal pudesse ser representada nas diversas profissões então importantes. Um era escolhido para estudar Direito ou Política ou Diplomacia em Pernambuco ou em São Paulo; outro, para entrar numa das Escolas de Medicina – a da Bahia ou a do Rio de Janeiro; um terceiro para ser cadete na Escola Militar; um quarto para ingressar no Seminário. Entre as famílias mais religiosas, não ter filho religioso ou padre constituía omissão ao mesmo tempo social e moral. Algumas vezes, o filho mais moço, mesmo sem nenhuma inclinação para a vida religiosa, era, nesse particular, uma espécie de bode expiatório. A família, de qualquer modo, tinha que ter um padre. Quanto ao filho rude de inteligência ou desajeitado nos modos, os pais mais prudentes encaminhavam-no para o comércio, que era olhado com desprezo pela gente afidalgada da época.

O jovem que fosse a flor da família, como inteligência, era escolhido, quase sempre, no Brasil dos meados do século XIX, para a Academia de Direito – a Academia chamada de Direito servindo para a formação não só jurídica, de advogados e de magistrados, como política, preparando jovens para o Parlamento, para os ministérios, para a administração pública e para a diplomacia do Império.

Havia duas Academias de Direito, a de Olinda – depois transferida para o Recife –, em Pernambuco, e a de São Paulo. Escrevendo de São Paulo em 1855, o Rev. Kidder disse de sua Academia de Direito: "É aqui e na Escola de Direito de Pernambuco (que possui trezentos estudantes no curso regular) que os estadistas brasileiros recebem a educação adequada para o Parlamento Imperial e para as várias assembleias legislativas de sua terra em condição superior aos preparativos que se fazem nos países da América Espanhola".[48] Atribuía assim, esse arguto observador, às escolas de Direito desde 1827 estabelecidas no Brasil, uma em Olinda, outra em São Paulo, parte não pequena na formação dos líderes políticos do Império brasileiro; formação, a seu ver, superior à dos líderes políticos da América espanhola.

O "curso regular", a que se refere o Rev. Kidder, vinha depois de uma espécie de curso pré-jurídico, que incluía Latim, Geometria, Filosofia Racional e Moral e outras matérias. O "curso regular" compreendia um período de cinco anos, com as seguintes matérias: Filosofia do Direito, Direito Público, Análise da Constituição Imperial, Direito Romano, Diplomacia, Direito Eclesiástico, Direito Civil, Direito Mercantil e Marítimo, Economia Política e Teoria e Prática de Direito Geral. Acrescente-se do Curso de Direito – em 1827 criado como "curso jurídico" – que se realizava em cinco anos. O ano acadêmico – os "cursos jurídicos" de 1854 em diante passaram a chamar-se de cursos de Academias ou de Faculdades de Direito – durava de 15 de março a 15 de outubro. Os exames a que se submetiam os "senhores acadêmicos" eram solenes. Soleníssimos os concursos a que se sujeitavam os candidatos a cátedras, professores então chamados lentes. O aluno reprovado duas vezes no mesmo ano ficava impedido – informam os Estatutos das duas Academias do Império, a do Recife, antigamente de Olinda, e a de São Paulo: Estatutos mandados observar por decreto de 28 de abril de 1854 – de matricular-se

---

[48] FLETCHER & KIDDER. Op. cit. p. 372.

em qualquer das duas. Era já costume, entre a mocidade brasileira dedicada ao estudo do Direito, o estudante fazer parte dos seus estudos numa Academia e parte na outra. Excelente costume: dava ao brasileiro do Sul do Império a oportunidade de, em idade ainda plástica, familiarizar-se com a sociedade, com os hábitos e com as condições de vida do Norte; e ao do Norte de, ainda moço, preparar-se para a vida pública, para a magistratura, para a diplomacia, conhecendo os costumes do Sul.

Algumas das cátedras foram, na primeira metade do século XIX e nos primeiros anos da segunda, ocupadas por homens de notável talento, como Paula Batista e Aprígio Guimarães – este, socialista cristão e professor de Economia Política. Outros se notabilizavam mais pelos excessos de piedade católica do que pelo espírito rigorosamente científico do seu ensino. Na Faculdade ou Academia de Direito de Pernambuco, Trigo de Loureiro e Braz Florentino – que escreveu um livro contra o casamento civil – foram mestres que, sem deixar de ser católicos fervorosos e até exageradamente ortodoxos, primaram também pelo saber jurídico. O mesmo é certo, com relação ao saber médico, de professores que na época tornaram-se notáveis como mestres de Medicina na Bahia, sem deixarem de ser bons católicos.

A piedade religiosa – nem sempre o seu excesso – penetrava na vida toda das faculdades de ensino superior, atingindo também os estudantes; e dando a essa vida certo colorido litúrgico. Professores e estudantes austeros, esforçando-se para aparentar a máxima severidade, tomavam parte em grandes procissões, de opas vermelhas e de mantos roxos, segurando velas e arrastando os pés, devota e hieraticamente. Professores de Direito, revestidos de negras sobrecasacas e metidos em opas de cor, iam ouvir, na capital de Pernambuco, os sermões na Igreja do Espírito Santo. O Professor Faelante da Câmara, da Faculdade de Direito de Pernambuco, em sua interessante crônica do ano de 1904[49] – uma crônica que tem pouco de oficial e muito de literário –, sumariza a descrição que achou nos arquivos da escola de uma procissão em 1854,

---

[49] CÂMARA, Faelante da. "Memória histórica." *Revista Acadêmica*, Recife, ano 12. Um encanto de memórias a de Faelante da Câmara. Diferente das convencionais.

promovida pelos estudantes, que se organizaram em irmandade – Irmandade do Bom Conselho. Nesta procissão solene, entre a multidão que se ajoelhava, os rapazes carregavam em andor uma imagem, para a Igreja da Ordem Terceira de São Francisco, precedidos pelo Bispo de Olinda, em vistosa púrpura, pelo diretor da Academia, pelos professores e pelos jovens membros da Irmandade.

Note-se de passagem que vários dos estudantes – ou acadêmicos – como eram então chamados: Senhores Acadêmicos – das escolas superiores, ao descerem das casas patriarcais do interior para as cidades do litoral a fim de fazerem seus estudos de Direito ou de Medicina, vinham acompanhados de pajens – escravos de confiança dos pais. Esses pajens eram uma espécie de vigias, junto aos jovens, encarregado por suas famílias de zelarem pela saúde e, quanto possível, pelo comportamento dos ioiozinhos, impedindo-os de se desgarrarem em boêmios; ou de se vulgarizarem em cafajestes. Dava-se, então, em alguns casos, um conflito de influência sobre os jovens, entre esses bons pajens patriarcais e as alegres "francesas" ou as sofisticadas e branquíssimas atrizes que empolgavam alguns desses moços, fazendo-os esquecer não só suas mulatas de estimação como as famílias – algumas delas, austeras – de que eram membros.

A atmosfera religiosa das escolas superiores do Brasil dos meados do século XIX não evitava que muitos estudantes, ao anoitecer, se tornassem alegres, turbulentos e até depravados. Não se preocupavam com regatas ou jogos de bola – nem mesmo com as brigas de galo, que constituíam então a distração preferida por alguns dos brasileiros mais velhos. Fazer galanteios às atrizes era seu esporte favorito. Havia, geralmente, duas atrizes rivais, como Candiani e Delmatro, em São Paulo, e Eugênia Câmara e Adelaide do Amaral, em Pernambuco; e ao redor de cada uma delas grupo fervoroso de admiradores – uns platônicos, outros não. Cada grupo tinha o seu "poeta"; e duelos oratórios, por vezes violentos, eram travados nos teatros entre os "poetas" dos grupos rivais. Tobias Barreto e Castro Alves avantajavam-se, na década de 1860, nessa espécie de esporte mental. Tobias – informa-nos um sobrevivente da época – causava mais forte impressão sobre o público. Agitava as mãos como que pronto para desferir golpes contra o adversário, os dentes não de todo sãos reluziam entre os seus lábios grossos de mulato, os olhos inflamados brilhavam com alguma coisa, talvez, de genial. Ele encabeçava o grupo da atriz Adelaide do Amaral. Castro Alves – cabeleira romântica e superior ao sergipano em vigor lírico – chefiava o grupo de Eugênia Câmara. Eugênia logo tornou-se rainha dos estudantes, e com ela o poeta-estudante gastava em duas ou três noites, romanticamente, boemiamente, o que ganhava num mês.[50] Mau exemplo para os outros estudantes, vários dos quais, por influência dos seus colegas mais aplaudidos e até mais glorificados – numa época em que os jovens triunfadores literários valiam muito mais que os atléticos, eram os estudantes já poetas, já escritores, ou já artistas que fascinavam as dengosas iaiazinhas e impressionavam as branquíssimas atrizes europeias em excursão pelo Brasil –, tornaram-se boêmios, sem se afirmarem poetas, gastando em ceias com italianas – mulheres, de ordinário, gordas e alvas – grande partes das suas mesadas; e deixando de achar graça ou encanto em amores rotineiros com mulatinhas e com negras.

Os jornais da época sugerem o que foi então, no Brasil, o prestígio dessas artistas europeias, quase todas de "Companhias lírico-italianas": inspiradoras de jovens poetas, estudantes das Academias de Direito e mesmo das de Medicina. Artistas como a prima-dona Ersila Patrese que, quando aparecia com o baixo-buffo Leopoldo Torriceli, empolgava as plateias, inquietando os próprios comendadores já venerandos. Não é de admirar que, como personagens de óperas, influíssem sobre as modas de trajo tanto dos meninos como das meninas.

Era à sombra de teatros como o Santa Isabel que os estudantes do Brasil dos meados do século XIX divertiam-se, escrevendo versos para as atrizes, brigando pelas atrizes, gastando dinheiro em ceias largas com as atrizes. Para os mais velhos, também, o teatro era o centro de recreação. O teatro e a igreja. Porque as cerimônias nas igrejas, as festas litúrgicas, os sermões pelos pregadores eloquentes tinham alguma coisa de teatral que atraía multidões.

O Rio de Janeiro dos meados do século XIX tinha três bons teatros. Com eles, compraziam-se europeus sofisticados, como Radiguet. Dabadie

---

[50] MARQUES, Xavier. *Vida de Castro Alves*. p. 127, apud PEIXOTO, Afrânio. *Poeira da estrada,* p. 221.

escreveu em 1858 que "a arte dramática e a arte lírica são dignamente estimuladas no Rio", descrevendo o Teatro São Pedro como "um dos mais vastos e mais belos que já vimos".[51] Nele, as óperas de Meyerbeer, Verdi, Donizetti e outros compositores eram cantadas e representadas na presença do Imperador. Em Pernambuco, a casa da ópera do Recife encontrara excelente patrono, na década de 1840, no governador Barão da Boa-Vista. O rev. Fletcher assinala, em seu livro, que "os maiores músicos vão ao Brasil". Os maiores músicos europeus da época, queria ele dizer. Pianistas e violinistas, além de cantores. "Thalberg", acrescenta Fletcher, "triunfou no Rio de Janeiro antes de haver triunfado em Nova York."[52]

O *entrudo* – precursor do moderno carnaval – era uma época de grande alegria para os brasileiros dos meados do século XIX. Uma festa de todas as classes. Consistia em jogarem uns aos outros "limas de cheiro", que eram pequenas bolas de cera colorida, cheias de água perfumada. No Rio havia bailes de máscaras nos teatros: São Januário, Lírico, São Pedro, Ginásio. O teatro Paraíso abria suas portas para o povo em geral. Tão bárbaro tornou-se o *entrudo* que bacias e bisnagas d'água eram utilizadas, além das *limas*.[53] Excessos que escandalizavam os estrangeiros. Os estrangeiros e aqueles aristocratas da terra que também se escandalizavam com a maneira, segundo eles, carnavalesca, de os pretos celebrarem suas festas do Rosário: "Do modo o mais indecente que é possível conceber-se", diz o *Diário de Pernambuco* de 1º de julho de 1859: com "passeata e algazarra pelas ruas..." e com "pretos meio nus e apenas envoltos em tangas do gosto mais livre", a dançarem e a batucarem a fartar.

A maior parte das festas religiosas e das procissões caracteriza-vam-se pela nota de alegria. Ewbank observa que as festas religiosas "constituem a principal distração das massas" sendo "seus principais esportes e passatempos, durante os quais os próprios santos, retirados de seus santuários, são carregados pelos padres e pelo povo, tomando,

---

[51] DABADIE, F. *A travers l'Amerique du Sud.* p. 20.

[52] FLETCHER & KIDDER. Op. cit. p. 163.

[53] MELO, Morais. *Festas e tradições.*

assim, parte do divertimento geral".[54] O "divertimento geral" era conduzirem os devotos os santos em procissão – procissões que se arrastavam pelas ruas, de uma igreja a outra: um bispo, de ordinário, coroado de mitra, debaixo do pálio, abençoando o povo, à esquerda e à direita; padres e freiras; meninos vestidos de querubins ou de anjinhos; orquestras que executavam canções marciais, enquanto, sob o estímulo da música, cafajestes de cor dançavam na frente da procissão, às vezes brigando e retalhando-se de faca, uns aos outros. Ou simplesmente exibindo-se como capoeiras.

A procissão de São Jorge – santo patrono do Brasil – era seguida de danças e de todas as sortes de galhofas. Os dias de São João, de São Pedro e de Santo Antônio – este, coronel do Exército brasileiro – eram celebrados com explosões de júbilo popular. Com foguetes e com fogos de artifício. Com fogueiras e danças.

Também o Natal era comemorado com muitas festas. Era pelo Natal que se trocavam, patriarcalmente, presentes não só de perus e de bolos como de porcos e até de escravos. Era pelo Natal que se exibiam pastoris e se armavam presepes. A festa de Santa Efigênia, espécie de Madona negra, era aproveitada ao máximo pela gente de cor, cuja "consciência de espécie" o clero habilmente despertava, identificando pretos e pardos com santos também pretos e pardos.

Fora a procissão do "Senhor Morto", quando a imagem de Jesus era conduzida à maneira de um cadáver, pálido e enfeitado de flores, de pessoa amada da família patriarcal brasileira – espécie de superioiô que tivesse falecido aos trinta anos – por entre genuflexões silenciosas, os fanáticos exibindo-se morbidamente, uns, ferindo-se com coroas de espinhos, outros, maltratando os corpos seminus, a "Encomendação das Almas" constituía a única procissão não só soturna como verdadeiramente lúgubre. Tinha mesmo um toque de macabro. Caracterizava-a certo gosto patológico pela tristeza e pelo sofrimento – que parece ter por vezes dominado os brasileiros senhoris dos meados do século XIX.

Os retratos de barões, de viscondes, de comendadores, de conselheiros, de altos funcionários públicos do Império, de aristocratas,

---

[54] EWBANK. Op. cit. p. VII.

enfim, dos meados do século XIX brasileiro, guardados em daguerreótipos ou fixados já em fotografias – as primeiras fotografias que se fizeram no Brasil – são, vários deles, retratos de indivíduos tristes, os rostos palidamente brancos de homens caucásicos ou apenas tocados de sangue ameríndio – raramente de sangue africano – sombreados por barbas melancolicamente nazarenas. O mesmo é certo das senhoras de prol do mesmo período: seu aspecto é o de criaturas docemente tristonhas. Madres dolorosas, algumas. Rara uma baronesa de ar mais alegre. Uma viscondessa, de olhos brejeiros. O que não significa que lhes faltasse dignidade ao porte ou brilho senhoril ao olhar. Vê-se, por tais retratos, que eram indivíduos afeitos ao mando. Fidalgos certos de sua condição de aristocratas. Não erraria, porém, quem, estudando nesses daguerreótipos e fotografias, os traços que, nas fisionomias dos homens e das mulheres, definem, às vezes, o espírito de uma época ou o *ethos* de uma classe, contrastasse a tristeza como que nazarena de muitos dos aristocratas brasileiros dos meados do século XIX, tanto homens como mulheres – principalmente mulheres – com o aspecto de ordinário alegre, despreocupado e até risonho – além do que, nem sempre servil – dos negros escravos – homens e mulheres – retratados por aqueles desenhistas estrangeiros que visitaram o Brasil na primeira metade do século; e alguns dos quais se especializaram em retratar negros escravos, tendo retratado também aristocratas brancos, não só em atitudes hieráticas como a caminho da missa, em festas de igreja, acompanhando procissões.

Realizava-se a procissão do Senhor Morto à meia-noite. Homens vestidos um tanto à maneira dos frades encapuchados do tempo da Inquisição, conduzindo lanternas de papel, caminhavam pelas ruas escuras e silenciosas. O povo cantava baixinho rezas tristes. Um dos encapuchados ia na frente, erguendo grande cruz. Nessa macabra serenata, entoavam-se preces pelas almas que sofriam no purgatório. Também pelas almas dos prisioneiros mortos e dos homens que morriam no mar.

Nas cidades do interior, representavam-se, de forma um tanto rústica, autos de mistério. Os personagens desses autos eram o Demônio, os Pecados Capitais, o Santo Pai, a Virgem Maria, São Pedro, Judas etc. Um escritor da época diz dessas peças rústicas que lhe faltava forma literária; mas algumas vezes possuíam "cenas muito divertidas" e "expressões ricas de espírito e de humor".[55] Eram a rude matéria de que algum Gil Vicente tocado de gênio teria sido capaz de desenvolver um autêntico teatro brasileiro. O meado do século XIX, porém, não produziu nenhum Gil Vicente; e estava ainda para aparecer um Carlos Gomes que compusesse *O Guarani*. O público mais fino do Brasil deliciava-se com o teatro lírico que lhe traziam da Europa artistas europeus. A plebe, com fandangos e maracatus de origem principalmente africana, com sobrevivências de folclore ibérico e com danças e cantos vindos dos ameríndios.

A religião desempenhava – repita-se – parte proeminente nos divertimentos da gente rústica e, em certa extensão, de todas as classes. Era também ela que animava as caridades organizadas. Tolerando e mesmo estimulando superstições, seria, sob esse aspecto, nociva à saúde física e ao bem-estar moral do povo. Mas por meio dos seus hospitais, das suas casas de caridade, das misericórdias, dos seus orfanatos, de seus asilos e da devoção de suas freiras, ela se redimia. Reabilitava-se aos olhos dos próprios protestantes estrangeiros que já eram, então, minoria nada desprezível no Brasil, os ingleses desde Dom João VI tendo obtido para si, com outros privilégios de povo imperial entre gentes subordinadas ao seu jugo, o de estabelecerem num reino e, depois, império, oficialmente católico romano como o brasileiro, capelas para o seu culto anglicano e cemitérios para o sepultamento dos seus mortos protestantes. Dos ingleses, na sua quase totalidade protestantes estabelecidos então no Brasil, destaque-se que, mesmo vivendo um tanto à parte do comum dos brasileiros – com capelas, cemitérios, juízes, bibliotecas, teatros, campos de jogos exclusivamente, ou quase exclusivamente, seus – concorreram, mesmo assim, para a modificação de certos aspectos da vida, da cultura e da própria paisagem brasileiras. Grande foi a ação modernizante no Brasil dos meados do século XIX, dos seus técnicos especialistas em instalações de máquinas, de engenhos a vapor, de novos tipos de moenda e, sobretudo, em vários pontos do Império, de técnicos de transporte. Considerável foi também a sua presença no comércio como importadores de ingresias de várias espécies. Chegaram a ser, na época aqui evocada, senhores de poderosas casas comerciais, com caixeiros

---

[55] CARVALLO. Op. cit. p. 38.

também britânicos. Tanto que em certas cidades mais anglicizadas do Império havia, na década de 1850, associações – evidentemente pioneiras, no Brasil – de comerciários, como a Associação dos Caixeiros Britânicos do Recife, da qual nos dá notícia o *Diário de Pernambuco* de 28 de abril de 1859.

No meio das massas, as mais supersticiosas ideias relacionadas com doenças – prevenção e tratamento de doenças – prevaleciam. Um observador estrangeiro depõe a esse respeito: "Antigas curas – dignas de Plínio – estão ainda em voga". E refere-se – um exemplo – que "minhocas, fritas vivas no azeite doce e aplicadas quentes, como cataplasma" eram utilizadas no tratamento de males "comuns a brancos e pretos".[56] O mesmo autor assinala: "Suponho ser difícil de encontrar uma mulher, católica romana no Brasil, da Imperatriz à mais humilde negra, que não se resguarde de inimigos invisíveis, usando, em contato com o corpo, pequeninos amuletos".[57] Figas de osso e pedaços de "pedra santa" eram também usados contra "mau-olhado" e contra doenças.

As superstições rompiam, por vezes, as paredes dos próprios hospitais e matavam ali inermes internados. Tanto Ewbank como Radiguet contam a história de um doente do Hospital dos Lázaros – instituição no Rio de Janeiro para tratamento da lepra – que se submeteu à experiência terapêutica da mordida de cobra venenosa. A cobra foi trazida, mas tão repelentes eram as partes gangrenadas do homem que o réptil encolheu-se para não tocá-las. Então, o homem apertou a cobra, e por ela foi mordido, morrendo em 24 horas.

Se bem que predominassem superstições, havia instituições, sob a direção da Igreja Católica, onde os doentes e desafortunados eram cristãmente bem cuidados. As santas-casas, as misericórdias, as casas de caridade não tinham sectarismo nenhum: suas portas estavam abertas para todos. Nelas se exprimia o melhor de um sistema social, que sendo patriarcal era também cristão. A seguinte descrição, feita por um protestante, do Hospital da Misericórdia, no Rio de Janeiro, é característica: "Suas portas estão abertas em todas as horas, da noite e do dia, para os

---

[56] EWBANK. Op. cit. p. 247.

[57] Ibidem, p. 243.

doentes de ambos os sexos, de todas as religiões, de todos os países e de todas as cores, sem formalidades de admissão: todos recebem gratuitamente a mais adequada assistência médica e os melhores cuidados e serviços de enfermagem".[58]

A maior parte das irmandades religiosas – e havia-as de certo caráter sindical, uma agremiando canoeiros, outras, marceneiros e, ainda outras, negociantes, escravos pretos, acadêmicos de Direito – cuidava previdentemente de assistência social e de caridade. Além dos hospitais, os asilos para velhos, das casas pias para órfãos, que mantinham, distribuíam dinheiro a famílias ou a viúvas necessitadas pobres e desamparadas.

O Brasil da década de 1850 estava cheio de mendigos – mendigos nas ruas, nas praças, nos pátios das igrejas. Alguns deles eram velhos negros escravos, sofrendo de lepra, que senhores maus jogavam na rua para despertarem a piedade dos caridosos, com suas feridas pútridas e suas pústulas gangrenadas. Havia também mendigos que não tinham doença alguma – exceto indolência. Radiguet encontrou no Rio um desses parasitas, conduzido nas ruas numa rede, pendurada em bambu, que dois escravos negros carregavam nos ombros. O viajante francês perguntou-lhe por que não vendia seus dois escravos. Ao que o mendigo replicou muito ibericamente, com a dignidade ofendida: "Senhor, eu estou lhe pedindo dinheiro e não conselhos". Era um mendigo a seu modo fidalgo e a seu modo também capitalista: proprietário de escravos. Dono de negros. Com os preços de escravos sadios e de "bonita figura" girava, então, em torno de 1:300$,... 1:600$ e 1:800$, o bom do mendigo que nos meados do século XIX se fazia conduzir docemente, pelas ruas da Corte, em rede apoiada sobre os ombros de dois escravos, era homem que possuía, numa época de libra esterlina a apenas nove mil e quinhentos réis, fortuna superior a, pelo menos, 2:600$. E isto se tomarmos em consideração o fato de que a tendência era para tais preços subirem, dada a crescente vigilância exercida no litoral pelas autoridades do Império, nos mares pelos ingleses, contra os contrabandos de africanos. Na década de 1850, os negros apreendidos em palhabotes de contrabandistas eram restituídos imediatamente à

---

[58] STEWART. *Brazil and la plata.* p. 229.

liberdade, pronunciando-se pelo crime de "reduzir à escravidão pessoa livre" quem os adquirisse de tais contrabandistas para os fazer trabalhar em suas propriedades: crimes de que foram, então, acusados alguns importantes senhores de terras do Império, como Joaquim Nabuco recorda no seu monumental *Um estadista do Império*. Um desses senhores foi o então proprietário do Engenho Caeté, em Pernambuco. Aliás, não foram raros os fidalgos rurais da época aos quais se atribuía participação não só em contrabandos de negros como em crimes mais graves: os denunciados pelo bravo Padre Miguel do Sacramento Lopes Gama no seu *Sete de setembro*. A chamada Revolta Praieira no fim da década de 1840 – movimento de caráter evidentemente social e não apenas político – foi em parte resposta de uns tantos brasileiros mais oprimidos e mais destemidos aos abusos desses proprietários feudais e dos seus aliados urbanos: comerciantes estrangeiros acusados de se enriquecerem ilicitamente, explorando a gente miúda.

É de abismar como os brasileiros da década de 1850 toleravam viver, nas cidades, em condições tão miseráveis de imundície. Era terrível, em algumas ruas, a fedentina. Quase não se podia falar na existência de higiene pública.

É num esboço semioficial da história dos serviços de saúde pública no Brasil, que se encontra a seguinte descrição do Rio de Janeiro, nos meados do século XIX: "Uma cidade imunda, na qual, pode-se dizer, não havia ar, nem luz, nem esgotos, nem limpeza das ruas. Uma cidade construída sobre pântanos, onde os mosquitos proliferavam livremente".[59] Semelhante à situação do Rio de Janeiro era a de outras cidades do Império na mesma época.

Mme. Ida Pfeiffer viu, quando andava pelas ruas do Rio de Janeiro, carcaças de cães, de gatos, e até uma mula, apodrecendo. Ela também faz referência à "falta completa de esgotos". Tal condição era comum a outras cidades do Império – mesmo à Capital de Pernambuco, onde os holandeses deixaram a marca de sua limpeza. Charles Darwin, que visitou a capital da velha Província do Norte, na década de 1830, fala de

---

[59] BARBOSA, Plácido & REZENDE, Cássio Barbosa de. *Os serviços de saúde pública no Brasil, especialmente na cidade do Rio de Janeiro de 1808 a 1907.*

suas ruas sujas e dos seus odores insuportáveis, comparando o Recife aos piores burgos orientais de então.

Em todas as cidades do Império, a remoção do lixo, das coisas podres, dos excrementos humanos fazia-se de maneira, ao mesmo tempo a mais primitiva e a mais pitoresca. Essas imundícies eram colocadas em pipas ou barris, chamados de *tigres*, e carregadas às cabeças dos escravos, que os despejavam nos rios, nas praias e nos becos (matos). Algumas vezes, o fundo do barril despregava-se, o seu conteúdo emporcalhando tanto o carregador como a rua.[60] Carniças, bichos mortos, imundícies eram abandonados perto das pontes ou nas praias, onde bandos de urubus realizavam o trabalho dos limpadores de ruas. A remoção do lixo e dos dejetos humanos geralmente era feita depois que os sinos da igreja tocavam "dez horas". Em Pernambuco, os *tigres* eram derramados, pelos escravos, das pontes, nos rios Capibaribe e Beberibe.[61] Nos meados do século XIX surgiram os primeiros serviços públicos de saneamento e de água: obras de que principalmente se encarregaram engenheiros franceses e técnicos ingleses.

No Rio, antes dessas obras de saneamento, os *tigres* eram levados nas cabeças dos escravos e derramados "em certas partes da baía, todas as noites, de modo que era não só inseguro mas desagradável andar pelas ruas depois das dez horas". Essa citação é de Ewbank, que acrescenta: "Neste particular, o Rio é o que Lisboa é e o que Edimburgo costumava ser".

Dada a inexistência de encanamento para fazer a drenagem, tornava-se impossível a distribuição de água nas casas. O sistema de suprimento d'água às populações urbanas era o do *chafariz*. A velha e, na Europa, já arcaica fonte pública. Por toda a parte havia constantes encontrões de negros avantajados, carregadores d'água que a levavam para as casas, algumas vezes, ao terceiro ou quarto andares, onde ficava localizada a cozinha. Esses carregadores d'água trabalhavam, talvez, mais arduamente do que qualquer outra classe de escravos.

---

[60] FREITAS, Otávio de. *Os nossos médicos e a nossa medicina*. Recife, 1904, p. 48.

[61] CARVALHO, Alfredo de. *Frases e palavras*. p. 21.

Os brasileiros faziam, como indivíduos, livre uso da água realizando em limpeza pessoal o que tão dolorosamente faltava em higiene pública. Depois do café quente e do rapé o que um brasileiro amava acima de tudo era um banho, quente ou frio. Por toda a parte – nas cidades e nas grandes como nas humildes casas do interior –, a água, o sabão e uma grande e asseada toalha recebiam acolhedoramente os hóspedes. Examinando estatísticas da época, observamos que mais de um terço das 72 fábricas existentes no Império eram saboarias.

Embora não houvesse distribuição sistemática de água nas casas, pois os canos d'água, nos meados do século XIX, eram ingresia ainda desconhecida da maior parte dos brasileiros, tendo madrugado no Recife graças à ação inovadora do engenheiro francês Vauthier, ricos e pobres regalavam-se no banho, os meninos, com uma alegria quase de pequenos pagãos. Os pobres tomavam banho nos rios, sob as vistas públicas. Desembarcando no Pará, o norte-americano John Esaias Warren foi atraído pela naturalidade com que as pessoas se banhavam e nadavam no rio. "O primeiro espetáculo que prendeu nossa atenção", escreve ele, "foi o de um grupo de pessoas, de ambos os sexos, e de todas as idades, banhado-se juntas indiscriminadamente, nas águas do rio, na mais completa nudez." E seu comentário é: "Os nativos do Pará são muito asseados e entregam-se a abluções diárias; não restringem seus banhos às horas crepusculares do anoitecer, nadando nas proximidades dos cais públicos em todas as horas do dia".[62] Enquanto a gente abastada das cidades usava "gamelas" ou grandes bacias de madeira para fazer abluções, a dos engenhos e das fazendas – cavalheiros e senhoras – igualmente – ia para o córrego mais próximo, onde se deliciava, nadando à vontade na água limpa, clara e sombreada de árvores. As chácaras suburbanas em Pernambuco, ao longo do rio Capibaribe, tinham banheiros toscos de folhas de coqueiro. Aí, as iaiás despiam-se e mergulhavam na água livremente, alvas na sua nudez, como sereias de um novo tipo.

Era costume lavar o brasileiro senhoril e mesmo o pobre as mãos antes e depois da refeição, trazendo os escravos para os seus senhores, nas casas melhores, bacias de prata e toalhas ricamente bordadas. Para

---

[62] WARREN. Op. cit.

os senhores e para os hóspedes o rev. Fletcher observou tal costume tanto no Rio de Janeiro como no interior de Minas Gerais, onde viajou de carro de boi. Poucos anos antes, Saint-Hilaire se deliciara com a simplicidade apostólica com que os pequenos fazendeiros de Minas Gerais vinham com uma bacia e uma toalha lavar os pés de seus convidados, antes de dormir. Os pés das crianças eram lavados por suas mães ou pelas suas mães pretas, antes de irem para a cama. Nessa ocasião, eram os pés também examinados, a fim de que os bichos-de-pé quando encontrados, pudessem ser delicadamente extraídos com alfinetes: arte em que se especializavam certas mucamas de mãos mais leves e de dedos mais ágeis.

Entretanto, todo este livre uso da água e do sabão não significava que o asseio pessoal fosse perfeito. Os homens, por exemplo, tomavam rapé sugado das bocetas. Havia quem tomasse uma pitada de dez em dez minutos.

Das senhoras, já vimos que muitas delas tinham piolhos nos belos cabelos. É difícil encontrar-se um brasileiro cuja avó não tivesse piolhos. As mucamas catavam-nas com os dedos da mão direita, o que constituía um prazer com que se deliciavam muitas senhoras elegantes. Essa espécie de tolerância, entre as senhoras brasileiras, para com os piolhos, era uma herança de suas avós portuguesas, sendo Portugal – de acordo com um viajante inglês que visitou esse país na segunda década do século XVIII – "talvez o país mais rico em piolhos".

A década de 1850 foi no Brasil um período de grande mortalidade. Houve duas epidemias – febre amarela e cólera. A febre amarela foi muito mortífera, principalmente entre estrangeiros, em 1850, 1852, 1853 e 1854. O cólera epidêmico atingiu seu zênite – como dizem as estatísticas médicas – em 1856. Em algumas províncias os escravos chegaram a morrer como moscas. A terrível peste espalhou a tristeza por toda a parte do país e entre todas as classes, embora atingindo principalmente a população negra ou a gente escrava. Sílvio Romero, que era na época criança – menino de engenho em Sergipe –, deixou-nos relato curto, porém vívido, do efeito do cólera sobre a gente de um típico engenho patriarcal do Norte do Império.

A religião, que tanto acompanhava os brasileiros nas suas festas, e os ajudava a conformar-se com a dor nas doenças e no infortúnio, nas desgraças, também os ajudava a morrer. O bom católico morria segurando piedosamente uma vela e murmurando os nomes de Jesus e da Virgem Maria. Quando alguém se tornava desesperadamente enfermo, sua família mandava chamar o padre, que vinha revestido de vestes litúrgicas, seguido pelo acólito, pelos amigos do moribundo e por pessoas pias, mesmo estranhas, todos cantando tristonhamente pelas ruas rezas fúnebres. Os funerais eram pomposos, mas com um toque, por vezes, de grotesco e até ridículo em sua etiqueta. Grotesco para estrangeiros habituados a outros tipos de enterros; ou para os pósteros que se voltem para esse aspecto de vida dos seus avós ou bisavós com olhos apenas de turistas no tempo. Os cadáveres de crianças eram enterrados em esquifes escarlates ou azuis, e vestidos de querubins ou de anjos, com asas, e os cabelos penteados em cachos. Quando havia necessidade de cachos suplementares, o encarregado dos funerais completava-os, suprindo os pequenos defuntos, não só de cachos, mas de *rouge* para as faces e de pós prateados para o pescoço e para os braços. Ewbank observa: "Amantes da etiqueta no trajar, quando vivos, os brasileiros" – refere-se aos da classe senhoril – "são enterrados com a melhor roupa que possuem, a não ser quando, por motivos religiosos outras vestes são preferidas. Pundonorosos no último grau, forçam a etiqueta aos mortos".[63] Sim, forçavam a etiqueta aos mortos, e a vaidade, além da etiqueta. Os generais eram magnificentemente vestidos em seus uniformes completos, com bordados de ouro; os estadistas, de sobrecasacas ou de fardas, ostentando ao peito todas as reluzentes estrelas e cruzes de suas comendas de grandes do Império com as insígnias dos graus ou ordens de nobreza a que pertenciam; os sacerdotes, em suas pomposas

---

[63] EWBANK, op. cit. p. 67. Sobre o assunto informa Otávio de Freitas (op. cit., p. 44): "Nas igrejas é que foram feitos os enterramentos e ainda sem os devidos cuidados. Assim os corpos enterravam-se muitas vezes em adiantado estado de putrefação; as catacumbas que recebiam estes corpos só se fechavam muito tarde, quando não no dia seguinte e além disso por um reboco pouco espesso que deixava passar um cheiro infecto e muito desagradável". E quanto aos enterros: "A noite é que se faziam os enterros no meio de tochas e encomendações recitadas em altas vozes. Quanto mais abastada era a família do morto, mais espalhafatoso se tornava o deprimente espetáculo" (p. 45).

vestes episcopais a canônicas de seda roxa ou vermelha; as donzelas, de vestidos brancos com fitas azuis e com capelas verdes enfeitadas de branquíssimas flores a lhes coroarem os cabelos louros ou pretos ou castanhos. Os membros de irmandades religiosas eram sepultados vestidos com hábitos de santos – o de São Francisco, por exemplo. Antes de fechar-se o esquife, o sacerdote proferia orações do ritual católico romano. Em seguida, o arrastar de pés, gritos histéricos de mulheres aflitas, lamentos agudos de escravos; e o morto senhoril era levado, não para o cemitério, mas para a igreja suntuosa de sua devoção ou para a capela patriarcal. Porque os cemitérios eram então apenas para protestantes, para pagãos e para escravos: raramente para quem fosse católico e pertencesse à nobreza rural ou à burguesia patriarcal. A gente senhoril era enterrada nas igrejas. Nas igrejas, nos conventos e nas capelas particulares. Só depois de 1850 esse rito entre social e religioso deixaria de ser seguido pelos brasileiros ortodoxos em seu modo de ser tanto patriarcais como senhoris.

Quanto aos negros batizados enterravam-se nos cemitérios que, nas fazendas e nos engenhos patriarcais, lhes eram destinados: a eles e à plebe rural. Ainda hoje se podem ver restos desses cemitérios – como durante muito tempo em Massangana, o engenho da meninice de Joaquim Nabuco – enquanto os das cidades, destinados antes dos meados do século XIX, aos mesmos mortos humildes e aos pagãos, já desapareceram quase de todo. Havia negros que aos ritos cristãos de sepultamento juntavam os das religiões africanas de que haviam se desprendido ao se tornarem brasileiros; e besuntavam os corpos dos seus mortos, antes de os lançarem nas covas, de barro e de óleo, enrolando-os muito africanamente em panos de cores vivas. Faltava a esses negros ainda presos à África o sentido cristão do luto: o que obrigava os adultos a serem sepultados em caixões pretos; azul-claros, roxos e brancos eram os ataúdes apenas de donzelas e de crianças. Era, entretanto, comum, os escravos mais afeiçoados aos seus senhores, nas grandes famílias patriarcais dos meados do século XIX, vestirem-se de preto durante meses, em sinal de luto pelos seus ioiôs mortos. Pelos seus ioiôs pelas suas iaiás.

Bibliografia

I – Publicações: livros da época estudada (1840-1860).

1 – BARIL, V. L. *L'Empire du Brésil*. Paris, 1862.

2 – CARVALLO, H. *Études sur lê Brésil*. Paris, 1858.

3 – CASTELNAU, Francis. *Expediction, etc*. Paris, 1850.

4 – CLARK, Hamlet. *Letters home from Spain, Algeria and Brazil during past entomological rambles*. Londres, 1867.

5 – COLTON, Walter. *Deck and port*. Nova York, 1850.

6 – COUTY, Louis. *L'Esclavage au Brésil*. Paris, 1881.

7 – DABADIE, F. *Recits et types americains. A travers l'Amerique du Sud*. Paris, 1858.

8 – D'ASSIER, Adolph. E. *Le Brésil contemporain*. Paris, 1867.

9 – DUTOT, S. *La France et le Brésil*. Paris, 1857.

10 – EDWARDS, William H. *A voyage to the river Amazon*. Londres, 1847.

11 – EXPILLY, Charles. *Les femmes et les moeurs du Brésil*. Paris, 1864.

12 – EWBANK, Thomas. *Life in Brazil or a journal or a visit to the land of cocoa and the palm*. Nova York, 1856.

13 – GORE OUSELEY, W. M. *Description of views of South America*. Londres, 1852.

14 – HADFIELD, William. *Brazil, the river Plate the Falkland Islands; with the Cape Horn route to Australia. Including notices of Lisbon, Madeira, the Canaries, and Cape Verde*. Londres, 1854.

15 – KIDDER, D. P. & FLETCHER, J. C. *Brazil and the Brazilians*. 9ª ed. Boston, 1879.

16 – MANSFIELD, C. B. *Paraguay, Brazil and the Plate*. Cambridge, 1857.

17 – MARÉ, J. L. *Le Brésil en 1852 et sa colonisation future*. Paris, 1852.

18 – PASCUAL, A. D. de. *Ensaio crítico sobre a viagem ao Brasil em 1852 de Carlos B. Mansfield*. Rio de Janeiro, 1862.

19 – PFEIFFER, Ida. *Voyage au tour du monde*. Paris, 1868.

20 – RADIGUET, Max. *Souvenirs de l'Amerique espagnole*. Paris, 1848.

21 – RENDU, Alph. *Études topographiques, medicales et agronomiques sur le Brésil*. Paris, 1848.

22 – RODRIGUEZ, E. *Descrizone del viaggio, etc*. Nápoles, 1844.

23 – SAINT-HILAIRE, Auguste de. *Voyages dans l'interieur du Brésil*. Paris, 1852.

24 – SCHAFFER, L. M. *Sketches of travels in South America*. Nova York, 1860.

25 – SCULLY, William. *Brazil*. Londres, 1860 (edição de 1866).

26 – STEWART, C. S. *The personal record of a cruise*. Nova York, 1855.

27 – STRATEN-PONTHOZ, Conde Augusto van der. *Le Budget du Brésil*. Bruxelas, 1854.

28 – WALLACE, Alfred R. *A narrative travels on the Amazon and rio Negro*. Londres, 1852.

29 – WETHERELL, James. *Brazil*. Londres, 1860.

30 – WILBERFORCE, William. *Brazil through a naval glass*. Londres, 1856.

II – Publicações: Periódicos, anais etc. da época (1840-1860).

31 – ANAIS do Parlamento Nacional. Rio de Janeiro, 1840-1860 (Col. de Documentos na Brasiliana Oliveira Lima.)

32 – ANAIS da Academia Imperial de Medicina do Rio de Janeiro (Fundada em 1829).

33 – COLEÇÃO do *Jornal do Commercio*. Rio de Janeiro, 1840-1860.

34 – COLEÇÃO de *The Times*. Londres, 1840-1860 (especialmente a seção "The Brazils").

35 – COLEÇÃO do *Diário de Pernambuco*. Recife, 1840-1860.

36 – COLEÇÃO do *Diário do Rio de Janeiro*, 1840-1850 (especialmente as Informações Estatísticas de F. Nunes de Souza).

37 – COLEÇÃO da *Revista do Instituto Histórico e Geográfico Brasileiro*. Rio de Janeiro.

38 – COLEÇÃO de *O Mosquito*. Rio de Janeiro.

39 – COLEÇÃO de *O Acadêmico*. Recife.

40 – FALAS do Trono – 1850-1860.

41 – RELATÓRIOS de presidentes de província. (Col. de Documentos na Brasiliana Oliveira Lima.)

42 – RELATÓRIOS apresentados por médicos as comissões de saúde da Corte e das Províncias. (Col. de Documentos na Brasiliana Oliveira Lima.)

III – Manuscritos (com referência à época estudada).

43 – CLEARY, Rev. "Brazil under the monarchy; a record of facts and observation." Seção de Mss. da Biblioteca do Congresso de Washington.

44 – "APONTAMENTOS pessoais", de Alfredo Alves da Silva Freyre (arquivo de família).

45 – CARTAS pessoais de Ulysses Pernambucano de Mello (arquivo de família).

IV – Material iconográfico (referente à época estudada).

46 – ALBUM Brésilien. Rio de Janeiro, Ludwig & Briggs.

47 – MEMÓRIA de Pernambuco (desenhos de L. Shlappriz). Recife, Carls.

48 – DAGUERREÓTIPOS e álbuns de fotografias de famílias antigas do Rio de Janeiro, de São Paulo, de Pernambuco, da Bahia, principalmente: Cavalcanti de Albuquerque (Pernambuco e Washington), Maxwell-Rundle (Rio de Janeiro-Nova York), Mello (Pernambuco), Wanderley (Pernambuco).

49 – LITOGRAFIAS dos desenhos de Wm. Gore Ouseley, por J. Needham. Londres, 1852.

Biobibliografia de Gilberto Freyre

1900   Nasce no Recife, em 15 de março, na antiga Estrada dos Aflitos (hoje Avenida Rosa e Silva), esquina de Rua Amélia (o portão da hoje residência da família Costa Azevedo está assinalado por uma placa), filho do dr. Alfredo Freyre – educador, juiz de direito e catedrático de Economia Política da Faculdade de Direito do Recife – e de Francisca de Mello Freyre.

1906   Tenta fugir de casa, abrigando-se na materna Olinda, desde então, cidade muito de seu amor e da qual escreveria, em 1939, *Olinda, 2º guia prático, histórico e sentimental de cidade brasileira.*

1908   Entra no jardim de infância do Colégio Americano Gilreath. Lê as *Viagens de Gulliver* com entusiasmo. Não consegue aprender a escrever, fazendo-se notar pelos desenhos. Tem aulas particulares com o pintor Telles Júnior, que reclama contra sua insistência em deformar os modelos. Começa a aprender a ler e escrever em inglês com Mr. Williams, que elogia seus desenhos.

1909   Primeira experiência da morte: a da avó materna, que muito o mimava por supor que o neto tinha *déficit* de aprendizado, pela dificuldade em aprender a escrever. Temporada no engenho São Severino do Ramo, pertencente a parentes seus. Primeiras experiências rurais de menino de engenho. Mais tarde escreverá sobre essa temporada uma das suas melhores páginas, incluída em *Pessoas, coisas & animais.*

1911   Primeiro verão na Praia de Boa Viagem, onde escreve um soneto camoniano e enche muitos cadernos com desenhos e caricaturas.

1913   Dá as primeiras aulas no colégio. Lê José de Alencar, Machado de Assis, Gonçalves Dias, Castro Alves, Victor Hugo, Emerson, Longfellow, alguns dramas de Shakespeare, Milton, César, Virgílio, Camões e Goethe.

1914 Ensina latim, que aprendeu com o próprio pai, conhecido humanista recifense. Toma parte ativa nos trabalhos da sociedade literária do colégio. Torna-se redator-chefe do jornal impresso do colégio *O Lábaro*.

1915 Tem lições particulares de francês com Madame Meunieur. Lê La Fontaine, Pierre Loti, Molière, Racine, *Dom Quixote*, a Bíblia, Eça de Queirós, Antero de Quental, Alexandre Herculano, Oliveira Martins.

1916 Corresponde-se com o jornalista paraibano Carlos Dias Fernandes, que o convida a proferir palestra na capital do estado vizinho. Como o dr. Freyre não apreciava Carlos Dias Fernandes, pela vida boêmia que levava, viaja autorizado pela mãe e lê no Cine-Teatro Pathé sua primeira conferência pública, dissertando sobre Spencer e o problema da educação no Brasil. O texto foi publicado no jornal *O Norte*, com elogios de Carlos Dias Fernandes. Influenciado pelos mestres do colégio e pela leitura do *Peregrino,* de Bunyan, e de uma biografia do dr. Livingstone, toma parte em atividades evangélicas e visita a gente miserável dos mucambos recifenses. Interessa-se pelo socialismo cristão, mas lê, como espécie de antídoto a seu misticismo, autores como Spencer e Comte. É eleito presidente do Clube de Informações Mundiais, fundado pela Associação Cristã de Moços do Recife. Lê ainda, nesse período, Rui Barbosa, Joaquim Nabuco, Oliveira Lima, Nietzsche e Sainte-Beuve.

1917 Conclui o curso de Bacharel em Ciências e Letras do Colégio Americano Gilreath, fazendo-se notar pelo discurso que profere como orador da turma, cujo paraninfo é o historiador Oliveira Lima, daí em diante seu amigo (ver referência ao primeiro encontro com Oliveira Lima no prefácio à edição de suas *Memórias*, escrito a convite da viúva e do editor José Olympio). Leitura de Taine, Renan, Darwin, Von Ihering, Anatole France, William James, Bergson, Santo Tomás de Aquino, Santo Agostinho, São João da Cruz, Santa Teresa, Padre Vieira, Padre Bernardes, Fernão Lopes, São Francisco de Assis, São Francisco de Sales e Tolstói. Começa a estudar grego. Torna-se membro da Igreja Evangélica, desagradando a mãe e a família católica.

1918 Segue, no início do ano, para os Estados Unidos, fixando-se em Waco (Texas) para matricular-se na Universidade de Baylor. Começa a ler Stevenson, Pater, Newman, Steele e Addison, Lamb, Adam Smith, Marx, Ward, Giddings, Jane Austen, as irmãs Brönte, Carlyle, Mathew Arnold, Pascal, Montaigne, Euclides da Cunha e Monteiro Lobato. Inicia sua colaboração no *Diário de Pernambuco*, com a série de cartas intituladas "Da outra América".

1919 Ainda na Universidade de Baylor, auxilia o geólogo John Casper Branner no preparo do texto português da *Geologia do Brasil*. Ensina francês a jovens oficiais norte-americanos convocados para a guerra. Estuda Geologia com Pace, Biologia com Bradbury, Economia com Wright,

Sociologia com Dow, Psicologia com Hall e Literatura com A. J. Armstrong, professor de Literatura e crítico literário especializado na filosofia e na poesia de Robert Browning. Escreve os primeiros artigos em inglês publicados por um jornal de Waco. Divulga suas primeiras caricaturas.

1920   Conhece pessoalmente, por intermédio do professor Armstrong, o poeta irlandês William Butler Yeats (ver, no livro *Artigos de jornal*, um capítulo sobre esse poeta), os "poetas novos" dos Estados Unidos: Vachel Lindsay, Amy Lowell e outros. Escreve em inglês sobre Amy Lowell. Como estudante de Sociologia, faz pesquisas sobre a vida dos negros de Waco e dos mexicanos marginais do Texas. Conclui, na Universidade de Baylor, o curso de Bacharel em Artes, mas não comparece à solenidade da formatura: contra as praxes acadêmicas, a Universidade envia-lhe o diploma por intermédio de um portador. Segue para Nova York e ingressa na Universidade de Columbia. Lê Freud, Westermarck, Santayana, Sorel, Dilthey, Hrdlicka, Keith, Rivet, Rivers, Hegel, Le Play, Brunhes e Croce. Segundo notícia publicada no *Diário de Pernambuco* de 5 de junho, a Academia Pernambucana de Letras, por proposta de França Pereira, elege-o sócio-correspondente.

1921   Segue, na Faculdade de Ciências Políticas (inclusive as Ciências Sociais Jurídicas) da Universidade de Columbia, cursos de graduação e pós-graduação dos professores Giddings, Seligman, Boas, Hayes, Carl van Doren, Fox, John Basset Moore e outros. Conhece pessoalmente Rabindranath Tagore e o príncipe de Mônaco (depois reunidos no livro *Artigos de jornal*), Valle-Inclán e outros intelectuais e cientistas famosos que visitam a Universidade de Columbia e a cidade de Nova York. A convite de Amy Lowell, visita-a em Boston (ver, sobre essas visitas, artigos incluídos no livro *Vida, forma e cor*). Segue, na Universidade de Columbia, o curso do professor Zimmern, da Universidade de Oxford, sobre a escravidão na Grécia. Visita a Universidade de Harvard e o Canadá. É hóspede da Universidade de Princeton, como representante dos estudantes da América Latina que ali se reúnem em congresso. Lê Patrick Geddes, Ganivet, Max Weber, Maurras, Péguy, Pareto, Rickert, William Morris, Michelet, Barrès, Huysmans, Verlaine, Rimbaud, Baudelaire, Dostoiévski, John Donne, Coleridge, Xenofonte, Homero, Ovídio, Ésquilo, Aristóteles e Ratzel. Torna-se editor associado da revista *El Estudiante Latinoamericano*, publicada mensalmente em Nova York pelo Comitê de Relações Fraternais entre Estudantes Estrangeiros. Publica diversos artigos no referido periódico.

1922   Defende tese para o grau de M. A. (*Magister Artium* ou *Master of Arts*) na Universidade de Columbia sobre *Social life in Brazil in the middle of the 19th century*, publicada em Baltimore pela *Hispanic American Historical Review* (v. 5, n. 4, nov. 1922) e recebida com elogios pelos professores Haring, Shepherd, Robertson, Martin, Oliveira Lima e H. L. Mencken, que aconselha o autor a expandir o trabalho em livro. Deixa de comparecer à cerimônia de formatura, seguindo imediatamente para a Europa, onde recebe o diploma, enviado pelo reitor Nicholas Murray Butler. Vai para a França, a Alemanha, a Bélgica, tendo antes passado pela Inglaterra, estabelecendo-se em Oxford. Vai para a França, atravessa a Espanha e conhece Portugal, onde se fixa. Lê Simmel, Poincaré, Havelock Ellis, Psichari, Rémy de Gourmont, Ranke, Bertrand Russell, Swinburne, Ruskin, Blake, Oscar Wilde, Kant e Gracián. Tem o retrato pintado pelo modernista brasileiro Vicente do Rego Monteiro. Convive com ele e com outros artistas modernistas brasileiros, como Tarsila do Amaral e Brecheret. Na Alemanha conhece o Expressionismo; na Inglaterra, estabelece contato com o ramo inglês do Imagismo, já seu conhecido nos Estados Unidos. Na França, conhece o anarcossindicalismo de Sorel e o federalismo monárquico de Maurras. Convidado por Monteiro Lobato – a quem fora apresentado por carta de Oliveira Lima –, inicia sua colaboração na *Revista do Brasil* (n. 80, p. 363-371, agosto de 1922).

1923   Continua em Portugal, onde conhece João Lúcio de Azevedo, o Conde de Sabugosa, Fidelino de Figueiredo, Joaquim de Carvalho e Silva Gaio. Regressa ao Brasil e volta a colaborar no *Diário de Pernambuco*. Da Europa escreve artigos para a *Revista do Brasil* (São Paulo), a pedido de Monteiro Lobato.

1924   Reintegra-se no Recife, onde conhece José Lins do Rego, incentivando-o a escrever romances, em vez de artigos políticos (ver referências ao encontro e início da amizade entre o sociólogo e o futuro romancista do Ciclo da Cana-de-Açúcar no prefácio que este escreveu para o livro *Região e tradição*). Conhece José Américo de Almeida através de José Lins do Rego. Funda-se no Recife, a 28 de abril, o Centro Regionalista do Nordeste, com Odilon Nestor, Amaury de Medeiros, Alfredo Freyre, Antônio Inácio, Morais Coutinho, Carlos Lyra Filho, Pedro Paranhos, Júlio Bello e outros. Excursões pelo interior do estado de Pernambuco e pelo Nordeste com Pedro Paranhos, Júlio Bello (que a seu pedido escreveria as *Memórias de um senhor de engenho*) e seu irmão, Ulysses Freyre. Lê, na capital do estado da Paraíba, conferência publicada no mesmo ano: Apologia pro generatione sua (incluída no livro *Região e tradição*).

1925   Encarregado pela direção do *Diário de Pernambuco*, organiza o livro comemorativo do primeiro centenário de fundação do referido jornal, *Livro do Nordeste*, onde foi publicado pela primeira vez o poema modernista de Manuel Bandeira "Evocação do Recife", escrito a seu pedido (ver referências no capítulo sobre Manuel Bandeira no livro *Perfil de Euclides e outros perfis*). O *Livro do Nordeste* consagra, também, o até então desconhecido pintor Manuel Bandeira e publica desenhos modernistas de Joaquim Cardoso e Joaquim do Rego Monteiro.

Lê na Biblioteca Pública do Estado de Pernambuco uma conferência sobre Dom Pedro II, publicada no ano seguinte.

1926 Conhece a Bahia e o Rio de Janeiro, onde faz amizade com o poeta Manuel Bandeira, os escritores Prudente de Morais Neto (Pedro Dantas), Rodrigo M. F. de Andrade, Sérgio Buarque de Holanda, o compositor Villa-Lobos e o mecenas Paulo Prado. Por intermédio de Prudente, conhece Pixinguinha, Donga e Patrício e se inicia na nova música popular brasileira em noitadas boêmias. Escreve um extenso poema, modernista ou imagista e ao mesmo tempo regionalista e tradicionalista, do qual Manuel Bandeira dirá depois que é um dos mais saborosos do ciclo das cidades brasileiras: "Bahia de todos os santos e de quase todos os pecados" (publicado no Recife, no mesmo ano, em edição da *Revista do Norte*, reeditado em 20 de junho de 1942, na revista *O Cruzeiro* e incluído no livro *Talvez poesia*). Segue para os Estados Unidos como delegado do *Diário de Pernambuco*, ao Congresso Panamericano de Jornalistas. Convidado para redator-chefe do mesmo jornal e para oficial de gabinete do governador eleito de Pernambuco, então vice-presidente da República. Colabora (artigos humorísticos) na *Revista do Brasil* com o pseudônimo de J. J. Gomes Sampaio. Publica-se no Recife a conferência lida, no ano anterior, na Biblioteca Pública do Estado de Pernambuco: A propósito de Dom Pedro II (edição da *Revista do Norte*, incluída, em 1944, no livro *Perfil de Euclides e outros perfis*). Promove no Recife o 1º Congresso Brasileiro de Regionalismo.

1927 Assume o cargo de oficial de gabinete do novo governador de Pernambuco, Estácio de Albuquerque Coimbra, casado com a prima de Alfredo Freyre, Joana Castelo Branco de Albuquerque Coimbra. Conhece Mário de Andrade no Recife e proporciona-lhe um passeio de lancha no rio Capibaribe.

1928 Dirige, a pedido de Estácio Coimbra, o jornal *A Província*, onde passam a colaborar os novos escritores do Brasil. Publica no mesmo jornal artigos e caricaturas com diferentes pseudônimos: Esmeraldino Olímpio, Antônio Ricardo, Le Moine, J. Rialto e outros. Lê Proust e Gide. Nomeado pelo governador Estácio Coimbra, por indicação do diretor A. Carneiro Leão, torna-se professor da Escola Normal do Estado de Pernambuco: primeira cadeira de Sociologia que se estabelece no Brasil com moderna orientação antropológica e pesquisas de campo.

1930 Acompanhando Estácio Coimbra ao exílio, visita novamente a Bahia, conhece parte do continente africano (Dacar, Senegal) e inicia, em Lisboa, as pesquisas e os estudos em que se basearia *Casa-grande & senzala* ("Em outubro de 1930 ocorreu-me a aventura do exílio. Levou-me primeiro à Bahia; depois a Portugal, com escala pela África. O tipo de viagem ideal para os estudos e as preocupações que este ensaio reflete.", como escreverá no prefácio do mesmo livro).

1931 A convite da Universidade de Stanford, segue para os Estados Unidos, como professor extraordinário daquela universidade. Volta, no fim do ano, para a Europa, permanecendo algum tempo na Alemanha, em novos contatos com seus museus de antropologia, de onde regressa ao Brasil.

1932 Continua, no Rio de Janeiro, as pesquisas para a elaboração de *Casa-grande & senzala* em bibliotecas e arquivos. Recusando convites para empregos feitos pelos membros do novo governo brasileiro – um deles José Américo de Almeida –, vive, então, com grandes dificuldades financeiras, hospedando-se em casas de amigos e em pensões baratas do Distrito Federal. Estimulado pelo seu amigo Rodrigo M. F. de Andrade, contrata com o poeta Augusto Frederico Schmidt – então editor – a publicação do livro por 500 mil-réis mensais, que recebe com irregularidades constantes. Regressa ao Recife, onde continua a escrever *Casa-grande & senzala*, na casa do seu irmão, Ulysses Freyre.

1933 Conclui o livro, enviando os originais ao editor Schmidt, que o publica em dezembro.

1934 Aparecem em jornais do Rio de Janeiro os primeiros artigos sobre *Casa-grande & senzala*, escritos por Yan de Almeida Prado, Roquette-Pinto, João Ribeiro e Agrippino Grieco, todos elogiosos. Organiza no Recife o 1º Congresso de Estudos Afro-Brasileiros. Recebe o prêmio da Sociedade Felipe d'Oliveira pela publicação de *Casa-grande & senzala*. Lê na mesma sociedade conferência sobre O escravo nos anúncios de jornal do tempo do Império, publicada na revista *Lanterna Verde* (v. 2, fev. 1935). Regressa ao Recife e lê, no dia 24 de maio, na Faculdade de Direito e a convite de seus estudantes, conferência publicada, no mesmo ano, pela Editora Momento: O estudo das ciências sociais nas universidades americanas. Publica-se no Recife (Oficinas Gráficas The Propagandist, edição de amigos do autor, tiragem de apenas 105 exemplares em papel especial e coloridos a mão por Luís Jardim) o *Guia prático, histórico e sentimental da cidade do Recife*, inaugurando, em todo o mundo, um novo estilo de guia de cidade, ao mesmo tempo lírico e informativo e um dos primeiros livros para bibliófilos publicados no Brasil. Nomeado em dezembro diretor do *Diário de Pernambuco*, cargo que exerceu por apenas quinze dias por causa da proibição, por Assis Chateaubriand, da publicação de uma entrevista de João Alberto Lins de Barros.

1935 A pedido dos alunos da Faculdade de Direito do Recife e por designação do ministro da Educação, inicia na referida escola superior um curso de Sociologia com orientação antropológica e ecológica. Segue, em setembro, para o Rio de Janeiro, onde, a convite de Anísio Teixeira, dirige na Universidade do Distrito Federal o primeiro Curso de Antropologia Social e Cultural da América Latina (ver texto das aulas no livro *Problemas brasileiros de antropologia*). Publica-se no Recife (Edições Mozart) o livro *Artigos de jornal*. Profere, a convite de estudantes paulistas de Direito, no Centro XI de Agosto, da Faculdade de Direito de São Paulo, a conferência Menos doutrina, mais análise, tendo sido saudado pelo estudante Osmar Pimentel.

1936 Publica-se no Rio de Janeiro (Companhia Editora Nacional, v. 64 da Coleção Brasiliana) *Sobrados e mucambos* o livro que é uma continuação da série iniciada com *Casa-grande & senzala*. Viagem à Europa, permanecendo algum tempo na França e em Portugal.

1937 Viaja de novo à Europa, dessa vez como delegado do Brasil ao Congresso de Expansão Portuguesa no Mundo, reunido em Lisboa. Lê conferências nas Universidades de Lisboa, Coimbra e Porto e na de Londres (King's College), publicadas no Rio de Janeiro no ano seguinte. Regressa ao Recife e lê conferência política no Teatro Santa Isabel, a favor da candidatura de José Américo de Almeida à presidência da República. A convite de Paulo Bittencourt inicia colaboração semanal no *Correio da Manhã*. Publica-se no Rio de Janeiro (José Olympio) o livro *Nordeste: aspectos da influência da cana sobre a vida e a paisagem do Nordeste do Brasil*.

1938 É nomeado membro da Academia Portuguesa de História pelo presidente Oliveira Salazar. Segue para os Estados Unidos como lente extraordinário da Universidade de Columbia, onde dirige seminário sobre sociologia e história da escravidão. Publica-se no Rio de Janeiro (Serviço Gráfico do Ministério da Educação e Saúde) o livro *Conferência na Europa*.

1939 Faz primeira viagem ao Rio Grande do Sul. Segue, depois, para os Estados Unidos, como professor extraordinário da Universidade de Michigan. Publica-se no Rio de Janeiro (José Olympio) a primeira edição do livro *Açúcar* e no Recife (edição do autor, para bibliófilos) *Olinda, 2º guia prático, histórico e sentimental de cidade brasileira*. Publica-se em Nova York (Instituto de las Españas en los Estados Unidos) a obra do historiador Lewis Hanke, *Gilberto Freyre, vida y obra*.

1940 A convite do governo português, lê no Gabinete Português de Leitura do Recife a conferência (publicada no Recife, no mesmo ano, em edição particular) Uma cultura ameaçada: a luso-brasileira. E, em Aracaju, na instalação da 2ª Reunião da Sociedade de Neurologia, Psiquiatria e Higiene Mental do Nordeste, lê conferência publicada no ano seguinte pela mesma sociedade; no dia 29 de outubro, na Biblioteca do Ministério das Relações Exteriores e a convite da Casa do Estudante do Brasil, profere conferência sobre Euclides da Cunha, publicada no ano seguinte; no dia 19 de novembro, na Biblioteca do Estado do Rio Grande do Sul, faz uma conferência por ocasião das comemorações do bicentenário da cidade de Porto Alegre, publicada em 1943. Participa do 3º Congresso Sul-Rio-Grandense de História e Geografia, ao qual apresenta, a pedido do historiador Dante de Laytano, o trabalho "Sugestões para o estudo histórico-social do sobrado no Rio Grande do Sul", publicado no mesmo ano pela Editora Globo e incluído, posteriormente, no livro *Problemas brasileiros de antropologia*. Publica-se em Nova York (Columbia University Press) o opúsculo Some aspects of the social development on Portuguese America, separata da obra coletiva *Concerning Latin American culture*. Publicam-se no Rio de Janeiro (José Olympio) os livros *Um engenheiro francês no Brasil* e *O mundo que o português criou*, com longos prefácios, respectivamente, de Paul Arbousse-Bastide e Antônio Sérgio. Prefacia e anota o *Diário íntimo do engenheiro Vauthier*, publicado no mesmo ano pelo Serviço do Patrimônio Histórico e Artístico Nacional.

1941 Casa-se no Mosteiro de São Bento do Rio de Janeiro com a senhorita Maria Magdalena Guedes Pereira. Viaja ao Uruguai, Argentina e Paraguai. Torna-se colaborador de *La Nación* (Buenos Aires), dos *Diários Associados*, do *Correio da Manhã* e de *A Manhã* (Rio de Janeiro). Prefacia e anota as *Memórias de um Cavalcanti*, do seu parente Félix Cavalcanti de Albuquerque Melo, publicadas pela Companhia Editora Nacional (volume 196 da Coleção Brasiliana). Publica-se no Recife (Sociedade de Neurologia, Psiquiatria e Higiene Mental do Nordeste) a conferência Sociologia, psicologia e psiquiatria, depois ampliada e incluída no livro *Problemas brasileiros de antropologia*, contribuição para uma psiquiatria social brasileira que seria destacada pela Sorbonne ao doutourá-lo H.C. Publica-se no Rio de Janeiro (Casa do Estudante do Brasil) e em Buenos Aires a conferência Atualidade de Euclides da Cunha (incluída, em 1944, no livro *Perfil de Euclides e outros perfis*). Ao ensejo da publicação, no Rio de Janeiro (José Olympio), do livro *Região e tradição*, recebe homenagem de grande número de intelectuais brasileiros, com um almoço no Jóquei Clube, em 26 de junho, do qual foi orador o jornalista Dario de Almeida Magalhães.

1942 É preso no Recife, por ter denunciado, em artigo publicado no Rio de Janeiro, atividades nazistas e racistas no Brasil, inclusive as de um padre alemão a quem foi confiada, pelo governo do estado de Pernambuco, a formação de jovens escoteiros. Com seu pai reage à prisão, quando levado para "a imunda Casa de Detenção do Recife", sendo solto, no dia seguinte, por interferência direta de seu amigo general Góes Monteiro. Recebe convite da Universidade de Yale para ser professor de Filosofia Social, que não pôde aceitar. Profere, no Rio de Janeiro, discurso como padrinho de batismo de avião oferecido pelo jornalista Assis Chateaubriand ao Aeroclube de Porto Alegre. É eleito para o Conselho Consultivo da American Philosophical Association. É designado pelo Conselho da Faculdade de Filosofia da Universidade de Buenos Aires Adscrito Honorário de Sociologia e eleito membro correspondente da Academia Nacional de História do Equador. Discursa no Rio de Janeiro, em nome do sr. Samuel Ribeiro, doador do avião Taylor à campanha de Assis Chateaubriand. Publica-se em Buenos Aires (Comisión Revisora de Textos de Historia y Geografía Americana) a 1ª edição de *Casa-grande & senzala* em espanhol, com introdução de

Ricardo Saenz Hayes. Publicam-se no Rio de Janeiro (José Olympio) o livro *Ingleses* e a 2ª edição de *Guia prático, histórico e sentimental da cidade do Recife*. A Casa do Estudante do Brasil divulga, em 2ª edição, a conferência Uma cultura ameaçada: a luso-brasileira, proferida no Gabinete Português de Leitura do Recife (1940).

1943 Visita a Bahia, a convite dos estudantes de todas as escolas superiores do estado, que lhe prestam excepcionais homenagens, às quais se associa quase toda a população de Salvador. Lê na Faculdade de Medicina da Bahia, a convite da União dos Estudantes Baianos, a conferência Em torno de uma classificação sociológica e no Instituto Histórico da Bahia, por iniciativa da Faculdade de Filosofia do mesmo estado, a conferência A propósito da filosofia social e suas relações com a sociologia histórica (ambas incluídas, com os discursos proferidos nas homenagens recebidas na Bahia, no livro *Na Bahia em 1943*, que teve quase toda a sua tiragem apreendida, nas livrarias do Recife, pela Polícia do Estado de Pernambuco). Recusa, em carta altiva, o convite para ser catedrático de Sociologia da Universidade do Brasil. Inicia colaboração no *O Estado de S. Paulo* em 30 de setembro. Por intermédio do Itamaraty, recebe convite da Universidade de Harvard para ser seu professor, que também recusa. Publicam-se em Buenos Aires (Espasa-Calpe Argentina) as 1ªˢ edições, em espanhol, de *Nordeste* e de *Uma cultura ameaçada* e a 2ª, na mesma língua, de *Casa-grande & senzala*. Publicam-se no Rio de Janeiro (Casa do Estudante do Brasil) o livro *Problemas brasileiros de antropologia* e o opúsculo Continente e ilha (conferência lida, em Porto Alegre, no ano de 1940 e incluída na 2ª edição de *Problemas brasileiros de antropologia*). Publica-se também, no Rio de Janeiro (Livros de Portugal), uma edição de *As farpas*, de Ramalho Ortigão e Eça de Queirós, selecionadas e prefaciados por ele, bem como a 4ª edição de *Casa-grande & senzala*, livro publicado a partir desse ano pelo editor José Olympio.

1944 Visita Alagoas e Paraíba, a convite de estudantes desses estados. Lê na Faculdade de Direito de Alagoas conferência sobre Ulysses Pernambucano, publicada no ano seguinte. Deixa de colaborar nos *Diários Associados* e em *La Nación*, em virtude da violação e do extravio constantes de sua correspondência. Em 9 de junho de 1944, comparece à Faculdade de Direito do Recife, a convite dos alunos dessa escola, para uma manifestação de regozijo em face da invasão da Europa pelos Exércitos Aliados. Lê em Fortaleza a conferência Precisa-se do Ceará. Segue para os Estados Unidos, onde profere, na Universidade do Estado de Indiana, seis conferências promovidas pela Fundação Patten e publicadas no ano seguinte, em Nova York, no livro *Brazil: an interpretation*. Publicam-se no Rio de Janeiro os livros *Perfil de Euclides e outros perfis* (José Olympio), *Na Bahia em 1943* (edição particular) e a 2ª edição do guia *Olinda*. A Casa do Estudante do Brasil publica, no Rio de Janeiro, o livro *Gilberto Freyre*, de Diogo Melo Menezes, com prefácio consagrador de Monteiro Lobato.

1945 Toma parte ativa, ao lado dos estudantes do Recife, na campanha pela candidatura do brigadeiro Eduardo Gomes à presidência da República. Fala em comícios, escreve artigos, anima os estudantes na luta contra a ditadura. No dia 3 de março, por ocasião do primeiro comício daquela campanha no Recife, começa a discursar, na sacada da redação do *Diário de Pernambuco*, quando tomba a seu lado, assassinado pela Polícia Civil do Estado, o estudante de Direito Demócrito de Sousa Filho. A UDN oferece, em sua representação na futura Assembleia Nacional Constituinte, um lugar aos estudantes do Recife, que preferem que seu representante seja o bravo escritor. A Polícia Civil do Estado de Pernambuco empastela e proíbe a circulação do *Diário de Pernambuco*, impedindo-o de noticiar a chacina em que morreram o estudante Demócrito e um popular. Com o jornal fechado, o retrato de Demócrito é inaugurado na redação, com memorável discurso de Gilberto Freyre: Quiseram matar o dia seguinte (cf. *Diário de Pernambuco*, 10 de abril de 1945). Em 9 de junho, comparece à Faculdade de Direito do Recife, como orador oficial da sessão contra a ditadura. Publicam-se no Recife (União dos Estudantes de Pernambuco) o opúsculo de sua autoria em apoio à candidatura de Eduardo Gomes: *Uma campanha maior do que a da abolição* e a conferência lida, no ano anterior, em Maceió: Ulysses. Publica-se em Fortaleza (edição do autor) a obra *Gilberto Freyre e alguns aspectos da antropossociologia no Brasil*, de autoria do médico Aderbal Sales. Publica-se em Nova York (Knopf) o livro *Brazil: an interpretation*. A Editora mexicana Fondo de Cultura Económica publica *Interpretación del Brasil*, com orelhas escritas por Alfonso Reyes.

1946 Eleito deputado federal, segue para o Rio de Janeiro, a fim de participar nos trabalhos da Assembleia Constituinte. Em 17 de junho, profere discurso de críticas e sugestões ao projeto da Constituição, publicado em opúsculo: Discurso pronunciado na Assembleia Nacional Constituinte (incluído na 2ª edição do livro *Quase política*). Em 22 de junho lê no Teatro Municipal de São Paulo, a convite do Centro Acadêmico XI de Agosto, conferência publicada no mesmo ano pela referida organização estudantil Modernidade e modernismo na arte política (incluída, em 1965, no livro *6 conferências em busca de um leitor*). Em 16 de julho, na Faculdade de Direito de Belo Horizonte, a convite de seus alunos, apresenta conferência publicada no mesmo ano: Ordem, liberdade, mineiralidade (incluída em 1965, no livro *6 conferências em busca de um leitor*). Em agosto inicia colaboração no *Diário Carioca*. Em 29 de agosto profere na Assembleia Constituinte outro discurso de crítica ao projeto da Constituição (incluído na 2ª edição do livro *Quase política*). Em novembro, a Comissão de Educação e Cultura da Câmara dos Deputados indica, com aplauso do escritor Jorge Amado, membro da Comissão, o nome de Gilberto Freyre para o Prêmio Nobel de Literatura de 1947, com o apoio de numerosos intelectuais brasileiros. Publica-se no Rio de Janeiro a 5ª edição de

Casa-grande & senzala e em Nova York (Knopf), a edição do mesmo livro em inglês, *The masters and the slaves*.

1947 Apresenta à Mesa da Câmara dos Deputados, para ser dado como lido, discurso sobre o centenário de nascimento de Joaquim Nabuco, publicado no ano seguinte. Em 22 de maio, lê no auditório da Associação Brasileira de Imprensa, a convite da Sociedade dos Amigos da América, conferência sobre Walt Whitman, publicada no ano seguinte. Trabalha ativamente na Comissão de Educação e Cultura da Câmara dos Deputados. É convidado para representar o Brasil no 19º Congresso dos Pen Clubes Mundiais, reunido em Zurique. Publica-se em Londres a edição inglesa de *The masters and the slaves*, em Nova York, a 2ª impressão de *Brazil: an interpretation* e no Rio de Janeiro, a edição brasileira deste livro, em tradução de Olívio Montenegro: *Interpretação do Brasil* (José Olympio). Publica-se em Montevidéu a obra *Gilberto Freyre y la sociología brasileña*, de Eduardo J. Couture.

1948 A convite da Unesco, toma parte, em Paris, no conclave de oito notáveis cientistas e pensadores sociais (Gurvitch, Allport e Sullivan, entre eles), reunidos pela referida Organização das Nações Unidas por iniciativa do então diretor Julian Huxley para estudar as Tensões que afetam a compreensão internacional, trabalho em conjunto depois publicado em inglês e francês. Lê, no Ministério das Relações Exteriores, a convite do Instituto Brasileiro de Educação, Ciência e Cultura (Comissão Nacional da Unesco), conferência sobre o conclave de Paris. Repete na Escola de Comando do Estado-Maior do Exército a conferência lida no Ministério das Relações Exteriores. Inicia em 18 de setembro sua colaboração em *O Cruzeiro*. Em dezembro, profere na Câmara dos Deputados discurso justificando a criação do Instituto Joaquim Nabuco de Pesquisas Sociais, com sede no Recife (incluído na 2ª edição do livro *Quase política*). Lê no Museu de Arte de São Paulo duas conferências: uma sobre Emílio Cardoso Ayres e outra sobre d. Veridiana Prado. Apresenta mais uma conferência na Escola de Comando do Estado-Maior do Exército. Publicam-se no Rio de Janeiro (José Olympio) o livro *Ingleses no Brasil* e os opúsculos O camarada Whitman (incluído, em 1965, no livro *6 conferências em busca de um leitor*), Joaquim Nabuco (incluído, em 1966, na 2ª edição do livro *Quase política*) e *Guerra, paz e ciência* (este editado pelo Ministério das Relações Exteriores). Inicia sua colaboração no *Diário de Notícias*.

1949 Segue para os Estados Unidos, a fim de participar, na categoria de ministro, como delegado parlamentar do Brasil, na 4ª Conferência Internacional da Organização das Nações Unidas. Lê conferências na Universidade Católica da América (Washington, D.C.) e na Universidade de Virgínia. Profere, em 12 de abril, na Associação de Cultura Franco-Brasileira do Recife, conferência sobre Emílio Cardoso Ayres (apenas pequeno trecho foi publicado no *Bulletin* da Associação).

Em 18 de agosto, apresenta na Faculdade de Direito do Recife conferência sobre Joaquim Nabuco, na sessão comemorativa do centenário de nascimento do estadista pernambucano (incluída no livro *Quase política*). Em 30 de agosto, profere na Câmara dos Deputados discurso de saudação ao Visconde Jowitt, presidente da Câmara dos Lordes do Reino Unido da Grã-Bretanha e Irlanda do Norte (incluído em *Quase política*). No mesmo dia, lê, no Instituto Histórico e Geográfico Brasileiro, conferência sobre Joaquim Nabuco. Publica-se, no Rio de Janeiro (José Olympio), a conferência apresentada no ano anterior, na Escola de Comando do Estado-Maior do Exército: Nação e Exército (incluída, em 1965, no livro *6 conferências em busca de um leitor*).

1950   Profere na Câmara dos Deputados, em 17 de janeiro, discurso sobre o pernambucano Joaquim Arcoverde, primeiro cardeal da América Latina, por ocasião da passagem do primeiro centenário de seu nascimento (incluído em *Quase política*). Apresenta na Câmara dos Deputados, em 5 de abril, discurso sobre o centenário de nascimento de José Vicente Meira de Vasconcelos, constituinte de 1891 (incluído em *Quase política*). Profere na Câmara dos Deputados, em 28 de abril, discurso de definição de atitude na vida pública (incluído em *Quase política*). Discursa na Câmara dos Deputados, em 2 de maio, sobre o centenário da morte de Bernardo Pereira de Vasconcelos (incluído em *Quase política*). Profere na Câmara dos Deputados, em 2 de junho, discurso contrário à emenda parlamentarista (incluído em *Quase política*). Apresenta na Câmara dos Deputados, em 26 de junho, discurso no qual transmite apelo que recebeu de três parlamentares ingleses, em favor de um governo supranacional (incluído em *Quase política*). Discursa na Câmara dos Deputados, em 8 de agosto, sobre o centenário de nascimento de José Mariano (incluído em *Quase política*). Profere no Parque 13 de Maio, do Recife, discurso em favor da candidatura do deputado João Cleofas de Oliveira ao governo do estado de Pernambuco (incluído na 2ª edição de *Quase política*). Em 11 de setembro inicia colaboração diária no *Jornal Pequeno*, do Recife, sob o título Linha de fogo, em prol da candidatura João Cleofas ao governo do estado de Pernambuco. Profere, em 8 de novembro, na Câmara dos Deputados, discurso de despedida por não ter sido reeleito para o período seguinte (incluído na 2ª edição de *Quase política*). Publica-se em Urbana (University of Illinois Press) a obra coletiva *Tensions that cause wars*, em Paris, em 1948, tendo como contribuição de Gilberto Freyre: Internationalizing social sciences. Publicam-se no Rio de Janeiro (José Olympio) a 1ª edição do livro *Quase política* e a 6ª de *Casa-grande & senzala*.

1951   Publicam-se no Rio de Janeiro (José Olympio) a seguinte edição de *Nordeste* e de *Sobrados e mucambos* (esta refundida e acrescida de cinco novos capítulos). A convite da Universidade de Londres, escreve, em inglês, estudo sobre a situação do professor no Brasil, publicado, no mesmo ano, pelo *Year book of education*. Publica-se em Lisboa (Livros do Brasil) a edição portuguesa de *Interpretação do Brasil*.

1952 Lê, na sala dos capelos da Universidade de Coimbra, em 24 de janeiro, conferência publicada, no mesmo ano, pela Coimbra Editora: Em torno de um novo conceito de tropicalismo. Publica-se em Ipswich (Inglaterra) o opúsculo editado pela revista *Progress* de Londres com o ensaio: Human factors behind Brazilian development. Publica-se no Recife (Edições Região) o *Manifesto regionalista de 1926*. Publicam-se no Rio de Janeiro (Serviço de Documentação do Ministério da Educação e Cultura) o opúsculo *José de Alencar* (José Olympio) e a 7ª edição de *Casa-grande & senzala* em francês, organizada pelo professor Roger Bastide, com prefácio de Lucien Fèbvre: *Maîtres et esclaves* (volume 4 da Coleção La Croix du Sud, dirigida por Roger Caillois). Viaja a Portugal e às províncias ultramarinas. Em 16 de abril, inicia colaboração no *Diário Popular* de Lisboa e no *Jornal do Comércio* do Recife.

1953 Publicam-se no Rio de Janeiro (José Olympio) os livros *Aventura e rotina* (escritos durante a viagem a Portugal e às províncias luso-asiáticas, "à procura das constantes portuguesas de caráter e ação") e *Um brasileiro em terras portuguesas* (contendo conferências e discursos proferidos em Portugal e nas províncias ultramarinas, com extensa "Introdução a uma possível luso-tropicologia").

1954 Escolhido pela Comissão das Nações Unidas para o estudo da situação racial na união sul-africana, como o antropólogo estrangeiro mais capacitado a opinar sobre essa situação, visita o referido país e apresenta à Assembleia Geral da ONU um estudo publicado pela organização nessa nação em: *Elimination des conflits et tensions entre les races*. Publica-se no Rio de Janeiro a 8ª edição de *Casa-grande & senzala*; no Recife (Edições Nordeste), o opúsculo Um estudo do prof. Aderbal Jurema e, em Milão (Fratelli Bocca), a 1ª edição, em italiano, de *Interpretazione del Brasile*. Em agosto é encenada no Teatro Santa Isabel a dramatização de *Casa-grande & senzala*, feita por José Carlos Cavalcanti Borges. O professor Moacir Borges de Albuquerque defende, em concurso para provimento efetivo de uma das cadeiras de português do Instituto de Educação de Pernambuco, tese sobre *Linguagem de Gilberto Freyre*.

1955 Lê, na sessão inaugural do 4º Congresso Brasileiro de Neurologia, Psiquiatria e Higiene Mental, conferência sobre Aspectos da moderna convergência médico-social e antropocultural (incluída na 2ª edição de *Problemas brasileiros de antropologia*). Em 15 de maio profere no encerramento do curso de treinamento de professores rurais de Pernambuco discurso publicado no ano seguinte. Comparece, como um dos quatro conferencistas principais (os outros foram o alemão Von Wreie, o inglês Ginsberg e o francês Davy) e na alta categoria de convidado especial, ao 3º Congresso Mundial de Sociologia, realizado em Amsterdã, no qual apresenta a comunicação, publicada em Louvain, no mesmo ano, pela Associação Internacional de Sociologia: *Morals and social change*. Para discutir *Casa-grande &*

senzala e outras obras, ideias e métodos de Gilberto Freyre, reúnem-se em Cerisy-La-Salle os escritores e professores M. Simon, R. Bastide, G. Gurvitch, Leon Bourdon, Henri Gouhier, Jean Duvignaud, Tavares Bastos, Clara Mauraux, Nicolas Sombart e Mário Pinto de Andrade: talvez a maior homenagem já prestada na Europa a um intelectual brasileiro; os demais seminários de Cerisy foram dedicados a filósofos da história, como Toynbee e Heidegger. Publicam-se no Recife (Secretaria de Educação e Cultura) os opúsculos Sugestões para uma nova política no Brasil: a rurbana (incluído, em 1966, na 2ª edição de *Quase política*) e Em torno da situação do professor no Brasil; em Nova York (Knopf) a 2ª edição de *Casa-grande & senzala*, em inglês: *The masters and the slaves*, e em Paris (Gallimard) a 1ª edição de *Nordeste* em francês: *Terres du sucre* (volume 14 da Coleção La Croix du Sud, dirigida por Roger Caillois).

1957   Lê, em 4 de agosto, na Escola de Belas Artes da Universidade Federal de Pernambuco, em solenidade comemorativa do 25º aniversário de fundação daquela instituição, conferência publicada no mesmo ano: Arte, ciência social e sociedade. Dirige, em outubro, curso sobre Sociologia da Arte na mesma escola. Colabora novamente no *Diário Popular* de Lisboa, atendendo a insistentes convites do seu diretor, Francisco da Cunha Leão. Publicam-se no Recife os opúsculos Palavras às professoras rurais do Nordeste (Secretaria de Educação e Cultura do Estado de Pernambuco) e Importância para o Brasil dos institutos de pesquisa científica (Instituto Joaquim Nabuco de Pesquisas Sociais); no Rio de Janeiro (José Olympio), a 2ª edição de *Sociologia*; no México (Editorial Cultural), o opúsculo A experiência portuguesa no trópico americano; em Lisboa (Livros do Brasil), a 1ª edição portuguesa de *Casa-grande & senzala* e a obra *Gilberto Freyre's "lusotropicalism"*, de autoria de Paul V. Shaw (Centro de Estudos Políticos Sociais da Junta de Investigações do Ultramar).

1958   Lê, no Fórum Roberto Simonsen, conferência publicada no mesmo ano pelo Centro e Federação das Indústrias do Estado de São Paulo: Sugestões em torno de uma nova orientação para as relações intranacionais no Brasil. Publicam-se em Lisboa (Centro de Estudos Políticos e Sociais da Junta de Investigações do Ultramar) o livro, com texto em português e inglês, *Integração portuguesa nos trópicos/Portuguese integration in the tropics*, e no Rio de Janeiro (José Olympio), a 9ª edição brasileira de *Casa-grande & senzala*.

1959   Lê, em abril, conferências no Instituto Joaquim Nabuco de Pesquisas Sociais, iniciando e concluindo cursos de Ciências Sociais promovidos pelo referido órgão. Em julho, apresenta na Faculdade de Direito da Universidade Federal de Minas Gerais conferência publicada pela mesma universidade, no ano seguinte. Publicam-se em Nova York (Knopf) *New world in the tropics*, cujo texto contém, grandemente expandido e praticamente reescrito, o livro (publicado em 1945 pelo mesmo editor) *Brazil: an interpretation*; na Guatemala (Editorial de

Ministério de Educación Pública José de Pineda Ibarra), o opúsculo Em torno a algumas tendencias actuales de la antropología; no Recife (Arquivo Público do Estado de Pernambuco), o opúsculo A propósito de Mourão, Rosa e Pimenta: sugestões em torno de uma possível hispano-tropicalologia; no Rio de Janeiro (José Olympio), a 1ª edição do livro *Ordem e progresso* (terceiro volume da Série Introdução à história patriarcal no Brasil, iniciada com *Casa-grande & senzala*, continuada com *Sobrados e mucambos* e finalizada com *Jazigos e covas rasas*, livro nunca concluído) e *O velho Félix e suas memórias de um Cavalcanti* (2ª edição, ampliada, da introdução ao livro *Memórias de um Cavalcanti*, publicado em 1940); em Salvador (Universidade da Bahia), o livro *A propósito de frades* e o opúsculo Em torno de alguns túmulos afrocristãos de uma área africana contagiada pela cultura brasileira; e em São Paulo (Instituto Brasileiro de Filosofia), o ensaio A filosofia da história do Brasil na obra de Gilberto Freyre, de autoria de Miguel Reale.

1960 Viaja pela Europa, nos meses de agosto e setembro, lendo conferências em universidades francesas, alemãs, italianas e portuguesas. Publicam-se em Lisboa (Livros do Brasil) o livro *Brasis, Brasil e Brasília*; em Belo Horizonte (edições da *Revista Brasileira de Estudos Políticos*), a conferência Uma política transnacional de cultura para o Brasil de hoje; no Recife (Imprensa Universitária), o opúsculo Sugestões em torno do Museu de Antropologia do Instituto Joaquim Nabuco de Pesquisas Sociais, e no Rio de Janeiro (José Olympio), a 3ª edição do livro *Olinda*.

1961 Em 24 de fevereiro recebe em sua casa de Apipucos a visita do escritor norte-americano Arthur Schlesinger Junior, assessor e enviado especial do presidente John F. Kennedy. Em 20 de abril profere na Faculdade de Medicina da Universidade Federal de Pernambuco uma conferência sobre Homem, cultura e trópico, iniciando as atividades do Instituto de Antropologia Tropical, criado naquela faculdade por sugestão sua. Em 25 de abril é filmado e entrevistado em sua residência pela equipe de televisão e cinema do Columbia Broadcasting System. Em junho viaja aos Estados Unidos, onde faz conferência no Conselho Americano de Sociedades Científicas, no Centro de Corning, no Centro de Estudos de Santa Bárbara e nas Universidades de Princeton e Columbia. De volta ao Brasil, recebe, em agosto, a pedido da Comissão Educacional dos Estados Unidos da América no Brasil (Comissão Fulbright), para uma palestra informal sobre problemas brasileiros, os professores norte-americanos que participam do II Seminário de Verão promovido pela referida comissão. Em outubro, lê, no Instituto Joaquim Nabuco de Pesquisas Sociais, quatro conferências sobre sociologia da vida rural. Ainda em outubro e a convite dos corpos docente e discente da Escola de Engenharia da Universidade Federal de Pernambuco, lê na mesma escola três conferências sobre Três engenharias inter-relacionadas: a física, a social e a chamada humana. Viaja a São Paulo e lê, em 27 de outubro, no auditório da Academia Paulista de Letras, sob os auspícios do Instituto Hans Staden, conferência intitulada Como e porque sou sociólogo. Em 1º de novembro, apresenta no auditório da ABI e sob os auspícios do Instituto Cultural Brasil-Alemanha, conferências sobre Harmonias e desarmonias na formação brasileira. Em dezembro, segue para a Europa, permanecendo três semanas na Alemanha Ocidental, para participar, como representante do Brasil, no encontro germano-hispânico de sociólogos. Publicam-se em Tóquio (Ministério da Agricultura do Japão, série de Guias para os emigrantes em países estrangeiros), a edição japonesa de *New world in the tropics*: Atsuitai no sin sekai; em Lisboa (Comissão Executiva das Comemorações do V Centenário da Morte do Infante Dom Henrique) – em português, francês e inglês –, o livro *O luso e trópico*: les Portugais et les tropiques e *The portuguese and the tropics* (edições separadas); no Recife (Imprensa Universitária), a obra *Sugestões de um novo contato com universidades europeias*; no Rio de Janeiro (José Olympio), a 3ª edição brasileira de *Sobrados e mucambos* e a 10ª edição brasileira (11ª em língua portuguesa) de *Casa-grande & senzala*.

1962   Em fevereiro, a Escola de Samba de Mangueira desfila, no Carnaval do Rio de Janeiro, com enredo inspirado em *Casa-grande & senzala*. Em março é eleito presidente do Comitê de Pernambuco do Congresso Internacional para a Liberdade da Cultura. Em 10 de junho, lê, no Gabinete Português de Leitura do Rio de Janeiro, a convite da Federação das Associações Portuguesas do Brasil, conferência publicada, no mesmo ano, pela referida entidade: *O Brasil em face das Áfricas negras e mestiças*. Em agosto reúne-se em Porto Alegre o 1º Colóquio de Estudos Teuto-Brasileiros, organizado por sugestão sua. Ainda em agosto é admitido pelo Presidente da República como Comandante do Corpo de Graduação da Ordem do Mérito Militar. Por iniciativa do Banco Interamericano de Desenvolvimento, o professor Leopoldo Castedo profere em Washington, D.C., no curso Panorama da Civilização Ibero-Americana, conferência sobre La valorización del tropicalismo en Freyre. Em outubro, torna-se editor-associado do *Journal of Interamerican Studies*. Em novembro, dirige na Faculdade de Letras da Universidade de Coimbra um curso de seis lições sobre Sociologia da História. Ainda na Europa, lê conferências em universidades da França, da Alemanha Ocidental e da Espanha. Em 19 de novembro recebe o grau de Doutor *Honoris Causa* pela Faculdade de Letras de Coimbra. Publicam-se no Rio de Janeiro (José Olympio) os livros *Talvez poesia* e *Vida, forma e cor*, a 2ª edição de *Ordem e progresso* e a 3ª de *Sociologia*; em São Paulo (Livraria Martins Editora), o livro *Arte, ciência e trópico*; em Lisboa (Livros do Brasil), as edições portuguesas de *Aventura e rotina* e de *Um brasileiro em terras portuguesas*; no Rio de Janeiro (José Olympio), a obra coletiva *Gilberto Freyre: sua ciência, sua filosofia, sua arte* (ensaios sobre o autor de *Casa-grande & senzala* e sua influência na moderna cultura do Brasil, comemorativos do vigésimo quinto aniversário de publicação desse livro).

1963 Em 10 de junho, inaugura-se no Teatro Santa Isabel do Recife uma exposição sobre *Casa-grande & senzala*, organizada pelo colecionador Abelardo Rodrigues. Em 20 de agosto, o governo de Pernambuco promulga a Lei Estadual nº 4.666, de iniciativa do deputado Paulo Rangel Moreira, que autoriza a edição popular, pelo mesmo estado, de *Casa-grande & senzala*. Publicam-se em *The American Scholar*, Chapel Hill (United Chapters of Phi Beta Kappa e University of North Caroline), o ensaio On the Iberian concept of time; em Nova York (Knopf), a edição de *Sobrados e mucambos* em inglês, com introdução de Frank Tannenbaum: *The mansions and the shanties (the making of modern Brazil)*; em Washington, D.C. (Pan American Union), o livro *Brazil*; em Lisboa, a 2ª edição do opúsculo Americanism and latinity America (em inglês e francês); em Brasília (Editora Universidade de Brasília), a 12ª edição brasileira de *Casa-grande & senzala* (13ª edição em língua portuguesa) e no Recife (Imprensa Universitária), o livro *O escravo nos anúncios de jornais brasileiros do século XIX* (reedição muito ampliada da conferência lida, em 1935, na Sociedade Felipe d'Oliveira). O professor Thomas John O'Halloran apresenta à Graduate School of Arts and Science, da New York University, dissertação sobre *The life and master writings of Gilberto Freyre*. As Editoras A. A. Knopf e Random House publicam em Nova York a 2ª edição (como livro de bolso) de *New world in the tropics*.

1964 A convite do governo do estado de Pernambuco, lê na Escola Normal do mesmo estado, em 13 de maio, conferência como orador oficial da solenidade comemorativa do centenário de fundação daquela Escola. Recebe em Natal, em julho, as homenagens da Fundação José Augusto pelo trigésimo aniversário da publicação de *Casa-grande & senzala*. Recebe, em setembro, o Prêmio Moinho Santista para Ciências Sociais. Viaja aos Estados Unidos e participa, em dezembro, como conferencista convidado, do seminário latino-americano promovido pela Universidade de Columbia. Publicam-se em Nova York (Knopf) uma edição abreviada (*paperback*) de *The masters and the slaves*; em Madri (separata da *Revista de la Universidad de Madrid*) o opúsculo De lo regional a lo universal en la interpretación de los complejos socioculturales; no Recife (Instituto Joaquim Nabuco de Pesquisas Sociais), em tradução de Waldemar Valente, a tese universitária de 1922, *Vida social no Brasil nos meados do século XIX* e o opúsculo (Imprensa Universitária) O estado de Pernambuco e expressão no poder nacional: aspectos de um assunto complexo; no Rio de Janeiro (José Olympio), a seminovela *Dona Sinhá e o filho padre*, o livro *Retalhos de jornais velhos* (2ª edição, consideravelmente ampliada, de *Artigos de jornal*), o opúsculo A Amazônia brasileira e uma possível luso-tropicologia (Superintendência do Plano de Valorização Econômica da Amazônia) e a 11ª edição brasileira de *Casa-grande & senzala*. Recusa convite do presidente Castelo Branco para ser ministro da Educação e Cultura.

1965 Viaja a Campina Grande, onde lê, em 15 de março, na Faculdade de Ciências Econômicas, a conferência (publicada no mesmo ano pela Universidade Federal da Paraíba) *Como e porque sou escritor*. Participa no Simpósio sobre Problemática da Universidade Federal de Pernambuco (março/abril), com uma conferência sobre a conveniência da introdução na mesma universidade, de "Um novo tipo de seminário (Tannenbaum)". Viaja ao Rio de Janeiro, onde recebe, em cerimônia realizada no auditório de *O Globo*, diploma com o qual o referido jornal homenageou, no seu quadragésimo aniversário, a vida e a obra dos Notáveis do Brasil: brasileiros vivos que, "por seu talento e capacidade de trabalho de todas as formas invulgares, tenham tido uma decisiva participação nos rumos da vida brasileira, ao longo dos quarenta anos conjuntamente vividos". Em 9 de novembro, gradua-se, *in absentia*, doutor pela Universidade de Paris (Sorbonne), em solenidade na qual também foram homenageados outros sábios de categoria internacional, em diferentes campos do saber, sendo a consagração por obra que vinha abrindo "novos caminhos à filosofia e às ciências do homem". A consagração cultural pela Sorbonne juntou-se à recebida das Universidades da Columbia e de Coimbra e às quais se somaram as de Sussex (Inglaterra) e Münster (Alemanha), em solenidade prestigiada por nove magníficos reitores alemães. Publicam-se em Berlim (Kiepenheur & Witsch) a 1ª edição de *Casa-grande & senzala* em alemão: *Herrenhaus und sklavenhütte* (*ein bild der Brasilianischen gesellschaft*); no Recife (Imprensa Oficial do Estado de Pernambuco), o opúsculo Forças Armadas e outras forças, e no Rio de Janeiro (José Olympio), o livro *6 conferências em busca de um leitor*.

1966 Viaja ao Distrito Federal, a convite da Universidade de Brasília, onde lê, em agosto, seis conferências sobre Futurologia, assunto que foi o primeiro a desenvolver no Brasil. Por solicitação das Nações Unidas, apresenta ao United Nations Human Rights Seminar on Apartheid (realizado em Brasília, de 23 de agosto a 5 de setembro) um trabalho de base sobre Race mixture and cultural interpenetration: the Brazilian example, distribuído na mesma ocasião em inglês, francês, espanhol e russo. Por sugestão sua, inicia-se na Universidade Federal de Pernambuco o Seminário de Tropicologia, de caráter interdisciplinar e inspirado pelo seminário do mesmo tipo, iniciado na Universidade de Columbia pelo professor Frank Tannenbaum. Publicam-se em Barnet, Inglaterra, *The racial factor in contemporary politics*; no Rio de Janeiro (José Olympio), a 13ª edição do mesmo livro; e no Recife (governo do estado de Pernambuco), o primeiro tomo da 14ª edição brasileira (15ª em língua portuguesa) de *Casa-grande & senzala* (edição popular, para ser comercializada a preços acessíveis, de acordo com a Lei Estadual nº 4.666, de 20 de agosto de 1963).

1967 Em 30 de janeiro, lançamento solene, no Palácio do Governo do Estado de Pernambuco, do primeiro volume da edição popular de *Casa-grande & senzala*. Em julho, viaja aos Estados Unidos, para receber, no Instituto Aspen de Estudos Humanísticos, o Prêmio Aspen do ano (30 mil dólares e isento de imposto sobre a renda) "pelo que há de original, excepcional e de valor permanente em sua obra ao mesmo tempo de filósofo, escritor literário e antropólogo". Recebe o Nobel dos Estados Unidos na presença de embaixador, enviado especial do presidente Lyndon B. Johnson, que se congratula com Gilberto Freyre pela honraria na qual o autor foi precedido por apenas três notabilidades internacionais: o compositor Benjamin Britten, a dançarina Martha Graham e o urbanista Constantino Doxiadis por obras reveladoras de "criatividade genial". Em dezembro, lê na Academia Brasileira de Letras, no Instituto Histórico e Geográfico Brasileiro e no Instituto Joaquim Nabuco de Pesquisas Sociais, conferências sobre Oliveira Lima, em sessões solenes comemorativas do centenário de nascimento daquele historiador (ampliadas no livro *Oliveira Lima, Dom Quixote gordo*). Publicam-se em Lisboa (Fundação Calouste Gulbenkian) o livro *Sociologia da medicina*; em Nova York (Knopf), a tradução da "seminovela" *Dona Sinhá e o filho padre: mother and son: a Brazilian tale*; no Recife (Instituto Joaquim Nabuco de Pesquisas Sociais), a 2ª edição de *Mucambos do Nordeste* e a 3ª edição do *Manifesto Regionalista de 1926*; em São Paulo (Arquimedes Edições), o livro *O Recife, sim! Recife não!*, e no Rio de Janeiro (José Olympio), a 4ª edição de *Sociologia*.

1968 Em 9 de janeiro, lê, no Palácio do Governo do Estado de Pernambuco, a primeira da série de conferências promovidas pelo governador do estado para comemorar o centenário de nascimento de Oliveira Lima (incluída no livro *Oliveira Lima, Dom Quixote gordo*, publicado no mesmo ano pela Imprensa da Universidade de Recife). Viaja à Argentina onde faz conferência sobre Oliveira Lima na Universidade do Rosário, e à Alemanha Ocidental, onde recebe o título de Doutor *Honoris Causa* pela Universidade de Münster por sua obra comparada à de Balzac. Publicam-se em Lisboa (Academia Internacional da Cultura Portuguesa) o livro em dois volumes, *Contribuição para uma sociologia da biografia (o exemplo de Luís de Albuquerque, governador de Mato Grosso no fim do século XVII)*; no Distrito Federal (Editora Universidade de Brasília), o livro *Como e porque sou e não sou sociólogo*, e no Rio de Janeiro (Record), as 2ªs edições dos livros *Região e tradição* e *Brasis, Brasil e Brasília*. Ainda no Rio de Janeiro, publicam-se (José Olympio) as 4ªs edições dos livros *Guia prático, histórico e sentimental da cidade do Recife* e *Olinda, 2º guia prático, histórico e sentimental de cidade brasileira*.

1969 Recebe o Prêmio Internacional de Literatura La Madonnina por "incomparável agudeza na descrição de problemas sociais, conferindo-lhes calor humano e otimismo, bondade e sabedoria", através de uma obra de "fulgurações geniais". Lê conferência, no Conselho Federal de

Cultura, em sessão dedicada à memória de Rodrigo M. F. de Andrade. A Universidade Federal de Pernambuco lança os dois primeiros volumes do seminário de Tropicologia, relativos ao ano de 1966: *Trópico & colonização, nutrição, homem, religião, desenvolvimento, educação e cultura, trabalho e lazer, culinária, população*. Lê no Instituto Joaquim Nabuco de Pesquisas Sociais quatro conferências sobre Tipos antropológicos no romance brasileiro. Publicam-se no Recife (Instituto Joaquim Nabuco de Pesquisas Sociais) o ensaio Sugestões em torno da ciência e da arte da pesquisa social, e no Rio de Janeiro (José Olympio), a 15ª edição brasileira de *Casa-grande & senzala*.

1970 Completa setenta anos de idade residindo na província e trabalhando como se fosse um intelectual ainda jovem: escrevendo livros, colaborando em jornais e revistas nacionais e estrangeiros, dirigindo cursos, proferindo conferências, presidindo o conselho diretor e incentivando as atividades do Instituto Joaquim Nabuco de Pesquisas Sociais, presidindo o Conselho Estadual de Cultura, dirigindo o Centro Regional de Pesquisas Educacionais e o Seminário de Tropicologia da Universidade Federal de Pernambuco, comparecendo às reuniões mensais do Conselho Federal de Cultura e atendendo a convites de universidades europeias e norte-americanas, onde é sempre recebido como o embaixador intelectual do Brasil. A Editora A. A. Knopf publica em Nova York *Order and progress*, com texto traduzido e refundido por Rod W. Horton.

1971 Recebe a 26 de novembro, em solenidade no Gabinete Português de Leitura, do Recife, e tendo como paraninfo o ministro Mário Gibson Barbosa, o título de Doutor *Honoris Causa* pela Universidade Federal de Pernambuco. Discursa como orador oficial da solenidade de inauguração, pelo presidente Emílio Garrastazu Médici, do Parque Nacional dos Guararapes, no Recife. A rainha Elizabeth lhe confere o título de *Sir* (Cavaleiro Comandante do Império Britânico) e a Universidade Federal do Rio de Janeiro, o grau de Doutor *Honoris Causa* em filosofia. Publicam-se a 1ª edição da *Seleta para jovens* (José Olympio) e a obra *Nós e a Europa germânica* (Grifo Edições). Continua a receber visitas de estrangeiros ilustres na sua casa de Apipucos, devendo-se destacar as de embaixadores do Reino Unido, França, Estados Unidos, Bélgica e as de Aldous Huxley, George Gurvitch, Shelesky, John dos Passos, Jean Duvignaud, Lincoln Gordon e Roberto Kennedy, a quem oferece jantar a pedido desse visitante. A Companhia Editora Nacional publica em São Paulo, como volume 348 de sua coleção Brasiliana, a 1ª edição brasileira de *Novo mundo nos trópicos*.

1972 Preside o Primeiro Encontro Inter-Regional de Cientistas Sociais do Brasil, realizado em Fazenda Nova, Pernambuco, de 17 a 20 de janeiro, sob os auspícios do Instituto Joaquim Nabuco de Pesquisas Sociais. Recebe o título de Cidadão de Olinda, conferido por Lei

Municipal nº 3.774, de 8 de março de 1972, e em sessão solene da Assembleia Legislativa do Estado de Pernambuco, a Medalha Joaquim Nabuco, conferida pela Resolução nº 871, de 28 de abril de 1972. Em 14 de junho profere no Instituto Joaquim Nabuco de Pesquisas Sociais palestra sobre José Bonifácio e no Instituto Joaquim Nabuco de Pesquisas Sociais as duas primeiras conferências da série comemorativa do centenário de Estácio Coimbra. Em 15 de dezembro, inaugura-se na Praia de Boa Viagem, no Recife, o Hotel Casa-grande & senzala. A Editora Giulio Einaudi publica em Turim a edição italiana de *Casa-grande & senzala: Case e catatecchie*.

1973 Recebe em São Paulo o Troféu Novo Mundo, "por obras notáveis em sociologia e história", e o Troféu Diários Associados, pela "maior distinção anual em artes plásticas". Realizam-se exposições de telas de sua autoria, uma no Recife, outra no Rio, esta na residência do casal José Maria do Carmo Nabuco, com apresentação de Alfredo Arinos de Mello Franco. Por decreto do presidente Médici, é reconduzido ao Conselho Federal de Cultura. Viaja a Angola, em fevereiro. A 10 de maio, a convite da Assembleia Legislativa do Estado de Pernambuco, profere discurso no Cemitério de Santo Amaro, diante do túmulo de Joaquim Nabuco, em comemoração ao Sesquicentenário do Poder Legislativo no Brasil. Recebe em setembro, em João Pessoa, o título de Doutor *Honoris Causa* pela Universidade Federal da Paraíba. Profere na Câmara dos Deputados, em 29 de novembro, conferência sobre Atuação do Parlamento no Império e na República, na série comemorativa do Sesquicentenário do Poder Legislativo no Brasil e na Universidade de Brasília, palestra em inglês para o corpo diplomático, sob o título de Some remarks on how and why Brazil is different. Em 13 de dezembro é operado pelo professor Euríclides de Jesus Zerbini, no Hospital da Beneficência Portuguesa de São Paulo.

1974 Recebe em São Paulo o Troféu Novo Mundo, conferido pelo Centro de Artes Novo Mundo. Faz sua primeira exposição de pintura em São Paulo, com quarenta telas adquiridas imediatamente. A 15 de março, o Instituto Joaquim Nabuco de Pesquisas Sociais comemora com exposição e sessão solene os quarenta anos da publicação de *Casa-grande & senzala*. Em 20 de julho profere no Instituto Joaquim Nabuco de Pesquisas Sociais conferência sobre a Importância dos retratos para os estudantes biográficos: o caso de Joaquim Nabuco. A 29 de agosto, a Universidade Federal de Pernambuco inaugura no saguão da reitoria uma placa comemorativa dos quarenta anos de *Casa-grande & senzala*. A 12 de outubro recebe a Medalha de Ouro José Vasconcelos, outorgada pela Frente de Afirmación Hispanista do México, para distinguir, a cada ano, uma personalidade dos meios culturais hispano-americanos. O cineasta Geraldo Sarno realiza documentário de cinco minutos intitulado *Casa-grande & senzala*, de acordo com uma ideia de Aldous Huxley. O editor Alfred A. Knopf publica em Nova York a obra *The Gilberto Freyre Reader*.

1975 Diante da violência de uma enchente do rio Capibaribe, em 17 e 18 de julho, lidera com Fernando de Mello Freyre, diretor do Instituto Joaquim Nabuco, um movimento de estudo interdisciplinar sobre as enchentes em Pernambuco. Profere, em 10 de outubro, conferência no Clube Atlético Paulistano sobre O Brasil como nação hispano-tropical. Recebe em 15 de outubro, do Sindicato dos Professores do Ensino Primário e Secundário de Pernambuco e da Associação dos Professores do Ensino Oficial, o título de Educador do Ano, por relevantes serviços prestados à comunidade nordestina no campo da educação e da pesquisa social. Profere em 7 de novembro, no Teatro Santa Isabel, do Recife, conferência sobre o Sesquicentenário do *Diário de Pernambuco*. O Instituto do Açúcar e do Álcool lança, em 15 de novembro, o Prêmio de Criatividade Gilberto Freyre, para os melhores ensaios sobre aspectos socioeconômicos da zona canavieira do Nordeste. Publicam-se no Rio de Janeiro suas obras *Tempo morto e outros tempos, O brasileiro entre os outros hispanos* (José Olympio) e *Presença do açúcar na formação brasileira* (IAA).

1976 Viaja à Europa em setembro, fazendo conferências em Madri (Instituto de Cultura Hispânica) e em Londres (Conselho Britânico). É homenageado com a esposa, em Londres, com banquete pelo embaixador Roberto Campos e esposa (presentes vários dos seus amigos ingleses, como Lord Asa Briggs). Em Paris, como hóspede do governo francês, é entrevistado pelo sociólogo Jean Duvignaud, na rádio e na televisão francesas, sobre Tendências atuais da cultura brasileira. É homenageado com banquete pelo diretor de *Le Figaro*, seu amigo, escritor e membro da Academia Francesa, Jean d'Ormesson, presentes Roger Caillois e outros intelectuais franceses. Em Viena, identifica mapas inéditos do Brasil no período holandês, existentes na Biblioteca Nacional da Áustria. Na Espanha, como hóspede do governo, realiza palestra no Instituto de Cultura Hispânica, presidido pelo Duque de Cadis. Em Lisboa é homenageado com banquete pelo secretário de estado de Cultura, com a presença de intelectuais, ministros e diplomatas. Em 7 de outubro, lê em Brasília, a convite do ministro da Previdência Social, conferência de encerramento do Seminário sobre Problemas de Idosos. A Livraria José Olympio Editora publica as 16ª e 17ª edições de *Casa-grande & senzala,* e o IJNPS, a 6ª edição do *Manifesto regionalista*. É lançada em Lisboa 2ª edição portuguesa de *Casa-grande & senzala*.

1977 Estreia em janeiro no Nosso Teatro (Recife) a peça *Sobrados e mucambos*, adaptada por Hermilo Borba Filho e encenada pelo Grupo Teatral Vivencial. Recebe em fevereiro, do embaixador Michel Legendre, a faixa e as insígnias de Comendador das Artes e Letras da França. Profere em março, no Seminário de Tropicologia, conferência sobre O Recife eurotropical e, na Câmara dos Deputados, em Brasília, conferência de encerramento do ciclo comemorativo do Bicentenário da Independência dos Estados Unidos. Exibição, na Biblioteca Municipal Mário de Andrade, em São Paulo, de um documentário cinematográfico sobre sua vida e obra,

Da palavra ao desenho da palavra, com debates dos quais participam Freitas Marcondes, Leo Gilson Ribeiro, Osmar Pimentel e Egon Schaden. Profere conferências na Câmara dos Deputados, em Brasília, em 19 de agosto, sobre A terra, o homem e a educação, no Seminário sobre Ensino Superior, promovido pela Comissão de Educação e Cultura, e no Teatro José de Alencar de Fortaleza, em 24 de setembro, sobre O Nordeste visto através do tempo. Lançamento em São Paulo, em 10 de novembro, do álbum *Casas-grandes & senzalas*, com guaches de Cícero Dias. Apresenta, no Arquivo Público Estadual de Pernambuco, conferência de encerramento do Curso sobre o Sesquicentenário da Elevação do Recife à Condição de Capital, sobre O Recife e a sua autobiografia coletiva. É acolhido como sócio-honorário do Pen Clube do Brasil. Inicia em outubro colaboração semanal na *Folha de S.Paulo*. A Livraria José Olympio Editora publica *O outro amor do dr. Paulo*, seminovela, continuação de *Dona Sinhá e o filho padre*. A Editora Nova Aguilar publica, em dezembro, a *Obra escolhida*, volume em papel-bíblia que inclui *Casa-grande & senzala*, *Nordeste* e *Novo mundo nos trópicos*, com introdução de Antônio Carlos Villaça, cronologia da vida e da obra e bibliografia ativa e passiva, por Edson Nery da Fonseca. A Editora Ayacucho lança em Caracas a 3ª edição em espanhol de *Casa-grande & senzala*, com introdução de Darcy Ribeiro. As Ediciones Cultura Hispánica publicam em Madri a edição espanhola da *Seleta para jovens*, com o título de *Antología*. A Editora Espasa-Calpe publica, em Madri, *Más allá de lo moderno,* com prefácio de Julián Marías. A Livraria José Olympio Editora lança a 5ª edição de *Sobrados e mucambos* e a 18ª edição brasileira de *Casa-grande & senzala*.

1978   Viaja a Caracas para proferir três conferências no Instituto de Assuntos Internacionais do Ministério das Relações Exteriores da Venezuela. Abre no Arquivo Público Estadual, em 30 de março, ciclo de conferências sobre escravidão e abolição em Pernambuco, fazendo Novas considerações sobre escravos em anúncios de jornal em Pernambuco. Profere conferência sobre O Recife e sua ligação com estudos antropológicos no Brasil, na instalação da XI Reunião Brasileira de Antropologia, no auditório da Universidade Federal de Pernambuco, em 7 de maio. Em 22 de maio, abre em Natal a I Semana de Cultura do Nordeste. Profere em Curitiba, em 9 de junho, conferência sobre O Brasil em nova perspectiva antropossocial, numa promoção da Associação dos Professores Universitários do Paraná; em Cuiabá, em 16 de setembro, conferência sobre A dimensão ecológica do caráter nacional; na Academia Paulista de Letras, em 4 de dezembro, conferência sobre Tropicologia e realidade social, abrindo o 1º Seminário Internacional de Estudos Tropicais da Fundação Escola de Sociologia e Política. Publica-se *Recife & Olinda*, com desenhos de Tom Maia e Thereza Regina. Publicam-se as seguintes obras: *Alhos e bugalhos* (Nova Fronteira); *Prefácios desgarrados* (Cátedra); *Arte e ferro* (Ranulpho Editora de Arte), com pranchas de Lula Cardoso Ayres. O Conselho Federal de

Cultura lança *Cartas do próprio punho sobre pessoas e coisas do Brasil e do estrangeiro*. A Editora Gallimard publica a 14ª edição de *Maîtres et esclaves*, na Coleção TEL. A Livraria Editora José Olympio publica a 19ª edição brasileira de *Casa-grande & senzala*, e a Fundação Cultural do Mato Grosso, a 2ª edição de *Introdução a uma sociologia da biografia*.

1979 O Arquivo Estadual de Pernambuco publica, em março, a edição fac-similar do *Livro do Nordeste*. Participa, no auditório da Biblioteca Municipal de São Paulo, em 30 de março, da Semana do Escritor Brasileiro. Recebe em Aracaju, em 17 de abril, o título de Cidadão Sergipano, outorgado pela Assembleia Legislativa de Sergipe. É homenageado pelo 44º Congresso Mundial de Escritores do Pen Clube Internacional, reunido no Rio de Janeiro, quando recebe a medalha Euclides da Cunha, sendo saudado pelo escritor Mário Vargas Llosa. Recebe o grau de Doutor *Honoris Causa* pela Faculdade de Ciências Médicas da Fundação do Ensino Superior de Pernambuco – Universidade de Pernambuco, em setembro. Viaja à Europa em outubro. Profere conferência na Fundação Calouste Gulbenkian, em 22 de outubro, sobre *Onde o Brasil começou a ser o que é*. Abre o ciclo de conferências comemorativo do 20º aniversário da Sudene, em dezembro, falando sobre *Aspectos sociais do desenvolvimento regional*. Recebe nesse mês o Prêmio Caixa Econômica Federal, da Fundação Cultural do Distrito Federal, pela obra *Oh de casa!* Profere na Universidade de Brasília conferência sobre *Joaquim Nabuco: um novo tipo de político*. A Editora Artenova publica *Oh de casa!* A Editora Cultrix publica *Heróis e vilões no romance brasileiro*. A MPM Propaganda publica *Pessoas, coisas & animais*, em edição não comercial. A Editora Ibrasa publica *Tempo de aprendiz*.

1980 Em 24 de janeiro, a Academia Pernambucana de Letras inicia as comemorações do octogésimo aniversário do autor, com uma conferência de Gilberto Osório de Andrade sobre *Gilberto Freyre e o trópico*. Em 25 de janeiro, a Codepe inicia seu Seminário Permanente de Desenvolvimento, dedicando-o ao estudo da obra de Gilberto Freyre. O Arquivo Público Estadual comemora a efeméride, em 26 e 27 de fevereiro, com duas conferências de Edson Nery da Fonseca. Recebe em São Paulo, em 7 de março, a medalha de Ordem do Ipiranga, maior condecoração do estado. Em 26 de março, recebe a medalha José Mariano, da Câmara Municipal do Recife. Por decreto de 15 de abril, o governador do estado de Sergipe lhe confere o galardão de Comendador da Ordem do Mérito Aperipê. Em homenagem ao autor, são realizados diversos eventos, como: missa cantada na Catedral de São Pedro dos Clérigos, do Recife, mandada celebrar pelo governo do estado de Pernambuco, sendo oficiante monsenhor Severino Nogueira e regente o padre Jayme Diniz. Inauguração, na redação do *Diário de Pernambuco*, de placa comemorativa da colaboração de Gilberto Freyre, iniciada em 1918. Almoço na residência de Fernando Freyre. *Open house* na vivenda Santo Antônio. Sorteio de bilhete da Loteria Federal da Praça de Apipucos. Desfile de clubes e blocos carnavalescos e concentração popular em Apipucos. Sessão solene do Congresso Nacional, em 15 de abril, às 15 horas, para homenagear o escritor Gilberto Freyre pelo transcurso do seu octogésimo aniversário. Discursos do presidente, senador Luís Viana Filho, dos senadores Aderbal Jurema e Marcos Freire e do deputado Thales Ramalho. Viaja a Portugal em junho, a convite da Câmara Municipal de Lisboa, para participar nas comemorações do Quarto Centenário da Morte de Camões. Profere conferência A tradição camoniana ante insurgências e ressurgências atuais. É homenageado, em 6 de julho, durante a 32ª Reunião Anual da Sociedade Brasileira para o Progresso da Ciência, realizada no Rio de Janeiro, e em 25 de julho, pelo XII Congresso Brasileiro de Língua e Literatura, promovido pelas universidades estaduais do Rio de Janeiro e Universidade Federal do Rio de Janeiro. Em 11 de agosto, recebe do embaixador Hansjorg Kastl a Grã-Cruz do Mérito da República Federativa da Alemanha. Ainda em agosto, é homenageado pelo IV Seminário Paraibano de Cultura Brasileira. Recebe o título de Cidadão Benemérito de João Pessoa, outorgado pela Câmara Municipal da capital paraibana. Recebe o título do sócio-honorário do Instituto Histórico e Geográfico da Paraíba. Em 2 de setembro, é homenageado pelo Pen Clube do Brasil com um painel sobre suas ideias, no auditório do Palácio da Cultura, no Rio de Janeiro. Encenação, no Teatro São Pedro de São Paulo, da peça de José Carlos Cavalcanti Borges *Casa-grande & senzala*, sob a direção de Miroel Silveira, pelo grupo teatral da Escola de Comunicação e Artes da USP. Em 10 de outubro, apresenta conferência da Fundação Luisa e Oscar Americano, de São Paulo, sobre Imperialismo cultural do Conde Maurício. De 13 a 17 de outubro, profere simpósio internacional promovido pela Universidade de Brasília e pelo Ministério da Educação e Cultura, com a participação, como conferencistas, do historiador social inglês Lord Asa Briggs, do filósofo espanhol Julián Marías, do poeta e ensaísta português David Mourão-Ferreira, do antropólogo francês Jean Duvignaud e do historiador mexicano Silvio Zavala. Recebe o Prêmio Jabuti, de São Paulo, em 28 de outubro. Recebe, em 11 de dezembro, o grau de Doutor *Honoris Causa* pela Universidade Católica de Pernambuco. Em 12 de dezembro, recebe o Prêmio Moinho Recife. São publicadas diversas obras do autor, como: o álbum *Gilberto poeta*: algumas confissões, com serigrafias de Aldemir Martins, Jenner Augusto, Lula Cardoso Ayres, Reynaldo Fonseca e Wellington Virgolino e posfácio de José Paulo Moreira da Fonseca (Ranulpho Editora de Arte); *Poesia reunida* (Edições Pirata, Recife); 20ª edição brasileira de *Casa-grande & senzala*, com prefácio do ministro Eduardo Portella; 5ª edição de *Olinda*; 3ª edição da *Seleta para jovens*; 2ª edição brasileira de *Aventura e rotina* (todas pela Editora José Olympio); e a 2ª edição de *O escravo nos anúncios de jornais brasileiros do século XIX* (Companhia Editora Nacional). A Editora Greenwood Press, de Westport, Conn., publica, sem autorização do autor, a reimpressão de *New world in the tropics*.

1981 A Classe de Letras da Academia de Ciências de Lisboa reúne-se, em fevereiro, para a comunicação do escritor David Mourão-Ferreira sobre Gilberto Freyre, criador literário. Encenação, em março, no Teatro Santa Isabel, da peça-balé de Rubens Rocha Filho *Tempos perdidos, nossos tempos*. Em 25 de março, o autor recebe do embaixador Jean Beliard a *rosette* de Oficial da Légion d'Honneur. Inauguração de seu retrato, em 21 de abril, no Museu do Trem da Superintendência Regional da Rede Ferroviária Federal. Em 29 de abril, o Conselho Municipal de Cultura lança, no Palácio do Governo, um álbum de desenhos de sua autoria. Inauguração, em 7 de maio, no Museu Nacional da Quinta da Boa Vista, da edição quadrinizada de *Casa-grande & senzala*, numa promoção da Universidade Federal do Rio de Janeiro, Museu Nacional e Editora Brasil-América. Profere conferência, em 15 de maio, no auditório Benício Dias da Fundação Joaquim Nabuco, sobre Atualidade de Lima Barreto. Viaja à Espanha, em outubro, para tomar posse no Conselho Superior do Instituto de Cooperação Ibero-Americana, nomeado pelo rei João Carlos I.

1982 Recebe em janeiro a medalha comemorativa dos trinta anos do Conselho Nacional de Desenvolvimento Científico e Tecnológico (CNPq). Profere na Academia Pernambucana de Letras a conferência Luís Jardim Autodidata?, comemorativa do octogésimo aniversário do pintor e escritor pernambucano. Na abertura do III Congresso Afro-Brasileiro, em 20 de setembro, apresenta conferência no teatro Santa Isabel. Em setembro, é entrevistado pela Rede Bandeirantes de Televisão, no programa *Canal Livre*. Recebe do embaixador Javier Vallaure, na Embaixada da Espanha em Brasília, a Grã-Cruz de Alfonso, El Sabio (outubro), e no auditório do Palácio da Cultura, em 9 de novembro, profere conferência sobre Villa-Lobos revisitado. Profere no Nacional Club de São Paulo, em 11 de novembro, conferência sobre Brasil: entre passados úteis e futuros renovados. A Editora Massangana publica *Rurbanização: o que é?* A Editora Klett-Cotta, de Stuttgart, publica a 1ª edição alemã de *Das land in der stadt. die entwicklung der urbanem gesellschaft Brasiliens* (*Sobrados e mucambos*) e a 2ª edição de *Herrenhaus und sklavenhütte* (*Casa-grande & senzala*).

1983 Iniciam-se em 21 de março – Dia Internacional das Nações Unidas Contra a Discriminação Racial – as comemorações do cinquentenário da publicação de *Casa-grande & senzala*, com sessão solene no auditório Benício Dias, presidida pelo governador Roberto Magalhães e com a presença da ministra da Educação, Esther de Figueiredo Ferraz, e do diretor-geral da Unesco, Amadou M'Bow, que lhe entrega a medalha Homenagem da Unesco. Recebe em 15 de abril, da Associação Brasileira de Relações Públicas, Seção de Pernambuco, o Troféu Integração por destaque cultural de 1982. Em abril, expõe seus últimos desenhos e pinturas na Galeria Aloísio Magalhães. Viaja a Lisboa, em 25 de outubro, para receber, do ministro dos Negócios Estrangeiros, a Grã-Cruz de Santiago da Espada. Em 27 de outubro, participa de sessão solene da Academia de Ciências de Lisboa e da Academia Portuguesa de História, comemorativa do cinquentenário da publicação de *Casa-grande & senzala*. A Fundação Calouste Gulbenkian promove em Lisboa um ciclo de conferências sobre *Casa-grande & senzala* (2 de novembro a 4 de dezembro). É homenageado pela Feira Internacional do Livro do Rio de Janeiro, em 9 de novembro. O Seminário de Tropicologia reúne-se, em 29 de novembro, para a conferência de Edson Nery da Fonseca, intitulada Gilberto Freyre, cultura e trópico. Recebe em 7 de dezembro, no Liceu Literário Português do Rio de Janeiro, a Grã-Cruz da Ordem Camoniana. A Editora Massangana publica *Apipucos:* que há num nome?, a Editora Globo lança *Insurgências e ressurgências atuais* e *Médicos, doentes e contextos sociais* (2ª edição de *Sociologia da medicina*). Realiza-se na Fundação Joaquim Nabuco, de 19 a 30 de setembro, um ciclo de conferências comemorativo dos cinquenta anos de *Casa-grande & senzala*, promovido com apoio do governo do estado e de outras entidades pernambucanas (anais editados por Edson Nery da Fonseca e publicados em 1985 pela Editora Massangana: *Novas perspectivas em Casa-grande & senzala*). A José Olympio Editora publica no Rio de Janeiro o livro de Edilberto Coutinho *A imaginação do real:* uma leitura da ficção de Gilberto Freyre, tese de doutoramento defendida na Universidade Federal do Rio de Janeiro. A Editora Record lança no Rio de Janeiro *Homens, engenharias e rumos sociais*.

1984   Lançamento, em 20 de janeiro, de selo postal comemorativo do cinquentenário de *Casa-grande & senzala*. Viaja a Salvador, em 14 de março, para receber homenagem do governo do estado pelo cinquentenário de *Casa-grande & senzala*. Inauguração, no Museu de Arte Moderna da Bahia, da exposição itinerante sobre a obra. Conferência de Edson Nery da Fonseca sobre Gilberto Freyre, *Casa-grande & senzala* e a Bahia. Convidado pelo governador Tancredo Neves, profere em Ouro Preto, em 21 de abril, o discurso oficial da Semana da Inconfidência. Profere em 8 de maio, na antiga Reitoria da UFRJ, conferência sobre Alfonso X, o sábio, ponte de culturas. Recebe da União Cultural Brasil-Estados Unidos, em 7 de junho, a medalha de merecimento por serviços relevantes prestados à aproximação entre o Brasil e os Estados Unidos. Convidado pelo Conselho da Comunidade Portuguesa do Estado de São Paulo, lê no Clube Atlético Paulistano, em 8 de junho (Dia de Portugal) a conferência Camões: vocação de antropólogo moderno?, publicada no mesmo ano pelo conselho. Em setembro, o Balé Studio Um realiza no Recife o espetáculo de dança *Casa-grande & senzala*, sob a direção de Eduardo Gomes e com música de Egberto Gismonti. Recebe a Medalha Picasso da Unesco, desenhada por Juan Miró em comemoração do centenário do pintor espanhol. Em setembro, homenageado por Richard Civita no Hotel 4 Rodas de Olinda, com banquete presidido pelo governador Roberto Magalhães e entrega de passaportes para o casal se hospedar em qualquer hotel da rede. Participa, na Arquidiocese do Rio de Janeiro, em outubro, do

Congresso Internacional de Antropologia e Práxis, debatedor do tema *Cultura e redenção*, desenvolvido por D. Paul Poupard. É homenageado no Teatro Santa Isabel do Recife, em 31 de novembro, pelo cinquentenário do 1º Congresso Afro-Brasileiro, ali realizado em 1934. Lê no Museu de Arte Sacra de Pernambuco (Olinda) a conferência Cultura e museus, publicada no ano seguinte pela Fundarpe.

1985 Recebe da Fundação do Patrimônio Histórico e Artístico de Pernambuco (Fundarpe) a Homenagem à Cultura Viva de Pernambuco, em 18 de março. Viaja em maio aos Estados Unidos, para receber, na Baylor University, o prêmio consagrador de notáveis triunfos (Distinguished Achievement Award). Profere em 21 de maio, na Harvard University, conferência sobre My first contacts with american intellectual life, promovida pelo Departamento de Línguas e Literaturas Românicas e pela Comissão de Estudos Latino-Americanos e Ibéricos. Realiza exposição na Galeria Metropolitana Aloísio Magalhães do Recife: Desenhos a cor: figuras humanas e paisagens. Recebe, em agosto, o grau de Doutor *Honoris Causa* em Direito e em Letras pela Universidade Clássica de Lisboa. É nomeado em setembro, pelo presidente da República, para compor a Comissão de Estudos Constitucionais. Recebe o título de Cidadão de Manaus, em 6 de setembro. Profere, em 29 de outubro, conferência na inauguração do Instituto Brasileiro de Altos Estudos (Ibrae) de São Paulo, subordinada ao título À beira do século XX. Em 20 de novembro, é apresentado, no Cine Bajado, de Olinda, o filme de Kátia Mesel *Oh de casa!*. Em dezembro viaja a São Paulo, sendo hospitalizado no Incor para cirurgia de um divertículo de Zenkel (hérnia de esôfago). A José Olympio Editora publica a 7ª edição de *Sobrados e mucambos* e a 5ª edição de *Nordeste*. Por iniciativa do Centro de Estudos Latino-Americanos da Universidade da Califórnia em Los Angeles, a editora da universidade publica em Berkeley reedições em brochuras do mesmo formato *The masters and the slaves, The mansions and the shanties* e *Order and progress*, com introduções de David H. E. Mayburt-Lewis e Ludwig Lauerhass Jr., respectivamente.

1986 Em janeiro, submete-se a uma cirurgia do esôfago para retirada de um divertículo de Zenkel, no Incor. Regressa ao Recife em 16 de janeiro, dizendo: "agora estou em casa, meu Apipucos". Em 22 de fevereiro, retorna a São Paulo para uma cirurgia de próstata no Incor, realizada em 24 de fevereiro. Recebe em 24 de abril, em sua residência de Apipucos, do embaixador Bernard Dorin, a comenda de Grande Oficial da Legião de Honra, no grau de Cavaleiro. Em maio, é agraciado com o Prêmio Cavalo-Marinho, da Empitur. Em agosto, recebe o título de Cidadão de Aracaju. Em 24 de outubro, reencontra-se no Recife com a dançarina Katherine Dunhm. Em 28 de outubro é eleito para ocupar a cadeira 23 da Academia Pernambucana de Letras, vaga com a morte de Gilberto Osório de Andrade. Toma posse em 11 de dezembro na Academia Pernambucana de Letras. Recebe, em 16 de dezembro, o título de Pesquisador Emérito do

Instituto de Pesquisas Sociais da Fundação Joaquim Nabuco. Publica-se em Budapeste a edição húngara de *Casa-grande & senzala: udvarház es szolgaszállás*. A professora Élide Rugai Bastos defende na Pontifícia Universidade Católica de São Paulo (PUC) a tese de doutoramento *Gilberto Freyre e a formação da sociedade brasileira*, orientada pelo professor Octavio Ianni. A Áries Editora publica em São Paulo o livro de Pietro Maria Bardi, *Ex-votos de Mário Cravo*, e a Editora Creficullo lança o livro do mesmo autor *40 anos de Masp*, ambos prefaciados por Gilberto Freyre.

1987 Instituição, em 11 de março, da Fundação Gilberto Freyre. Em 30 de março, recebe em Apipucos a visita do presidente Mário Soares. Em 7 de abril, submete-se a uma cirurgia para implantação de marca-passo no Incor do Hospital Português. Em 18 de abril, Sábado Santo, recebe de d. Basílio Penido, OSB, os sacramentos da Reconciliação, da Eucaristia e da Unção dos Enfermos. Morre no Hospital Português, às 4 horas de 18 de julho, aniversário de Magdalena. Sepultamento no Cemitério de Santo Amaro, às 18 horas, com discurso do ministro Marcos Freire. Em 20 de julho, o senador Afonso Arinos ocupa a tribuna da Assembleia Nacional Constituinte para homenagear sua memória. Em 19 de julho o jornal *ABC de Madri* publica um artigo de Julián Marías: Adiós a um brasileño universal. Em 24 de julho, missas concelebradas, no Recife, por Dom José Cardoso Sobrinho e Dom Heber Vieira da Costa, OSB, e em Brasília, por Dom Hildebrando de Melo e pelos vigários da catedral e do Palácio da Alvorada com coral da Universidade de Brasília. Missa celebrada no seminário, com canto gregoriano a cargo das Beneditinas de Santa Gertrudes, de Olinda. A Editora Record publica *Modos de homem e modas de mulher* e a 2ª edição de *Vida, forma e cor*; *Assombrações do Recife Velho* e *Perfil de Euclides e outros perfis*; a José Olympio Editora, a 25ª edição brasileira de *Casa-grande & senzala*. O Círculo do Livro lança nova edição de *Dona Sinhá e o filho padre*, e a Editora Massangana publica *Pernambucanidade consagrada* (discursos de Gilberto Freyre e Waldemar Lopes na Academia Pernambucana de Letras). Ciclo de conferências promovido pela Fundação Joaquim Nabuco em memória de Gilberto Freyre, tendo como conferencistas Julián Marías, Adriano Moreira, Maria do Carmo Tavares de Miranda e José Antônio Gonsalves de Mello (convidado, deixou de vir, por motivo de doença, o antropólogo Jean Duvignaud). Ciclo de conferências promovido em Maceió pelo governo do estado de Alagoas, a cargo de Maria do Carmo Tavares de Miranda, Odilon Ribeiro Coutinho e José Antônio Gonsalves de Mello. Homenagem do Conselho Latino-Americano de Ciências Sociais, na abertura de sua XIV Assembleia Geral, realizada no Recife, de 16 a 21 de novembro. A editora mexicana Fondo de Cultura Económica publica a 2ª edição, como livro de bolso, de *Interpretación del Brasil*. A revista *Ciência e Cultura* publica em seu número de setembro o necrológio de Gilberto Freyre, solicitado por Maria Isaura Pereira de Queiroz a Edson Nery da Fonseca.

1988 Em convênio com a Fundação Gilberto Freyre e sob os auspícios do Grupo Gerdau, a Editora Record publica no Rio de Janeiro a obra póstuma *Ferro e civilização no Brasil*.

1989 Em sua 26ª edição, *Casa-grande & senzala* passa a ser publicada pela Editora Record, até a 46ª edição, em 2002.

1990 A Fundação das Artes e a Empresa Gráfica da Bahia publicam em Salvador *Bahia e baianos*, obra póstuma organizada e prefaciada por Edson Nery da Fonseca. A Editora Klett-Cotta lança em Stuttgart a 2ª edição alemã de *Sobrados e mucambos* (*Das land in der Stadt*). Realiza-se na Fundação Joaquim Nabuco o seminário O cotidiano em Gilberto Freyre, organizado por Fátima Quintas (anais publicados no mesmo ano pela Editora Massangana).

1994 A Câmara dos Deputados publica, como volume 39 de sua Coleção Perfis Parlamentares, *Discursos parlamentares*, de Gilberto Freyre, texto organizado, anotado e prefaciado por Vamireh Chacon. A Editora Agir publica no Rio de Janeiro a antologia *Gilberto Freyre*, organizada por Edilberto Coutinho como volume 117 da Coleção Nossos Clássicos, dirigida por Pedro Lyra. A Editora 34 publica no Rio de Janeiro a tese de doutoramento de Ricardo Benzaquen de Araújo *Guerra e paz:* Casa-grande & senzala e a obra de Gilberto Freyre nos anos 30.

1995 Realiza-se na Fundação Joaquim Nabuco a semana de estudos comemorativos dos 95 anos de Gilberto Freyre, com conferências reunidas e apresentadas por Fátima Quintas na obra coletiva *A obra em tempos vários*, publicada em 1999 pela Editora Massangana. A Fundação de Cultura da Cidade do Recife e a Imprensa Universitária da Universidade Federal de Pernambuco publicam no Recife *Novas conferências em busca de leitores*, obra póstuma organizada e prefaciada por Edson Nery da Fonseca. A Editora Massangana publica o livro de Sebastião Vila Nova, *Sociologias e pós-sociologia em Gilberto Freyre*.

1996 Realiza-se na Fundação Joaquim Nabuco o simpósio Que somos nós?, organizado por Maria do Carmo Tavares de Miranda em comemoração aos sessenta anos de *Sobrados e mucambos* (anais publicados pela Editora Massangana em 2000).

1997 Comemorando seu septuagésimo quinto aniversário, a revista norte-americana *Foreign Affairs* publica o resultado de um inquérito destinado à escolha de 62 obras "que fizeram a cabeça do mundo a partir de 1922". *Casa-grande & senzala* é apontada como uma delas pelo professor Kenneth Maxwell. A Companhia das Letras publica em São Paulo a 4ª edição de *Açúcar*, livro reimpresso em 2002 por iniciativa da Usina Petribu.

1999 Por iniciativa da Fundação Oriente, da Universidade da Beira Interior e da Sociedade de Geografia de Lisboa, iniciam-se em Portugal as comemorações do centenário de nascimento de Gilberto Freyre, com o colóquio realizado na Sociedade de Geografia de Lisboa, de 11 e 12 de fevereiro, Lusotropicalismo revisitado, sob a direção dos professores Adriano Moreira e José Carlos Venâncio. A Fundação Oriente institui um prêmio anual de 1 milhão de escudos para "galardoar trabalhos de investigação na área da perspectiva gilbertiana sobre o Oriente". As comemorações pernambucanas são iniciadas em 14 de março, com missa solene concelebrada na Basílica do Mosteiro de São Bento de Olinda, com canto gregoriano pelas Beneditinas Missionárias da Academia Santa Gertrudes. Pelo Decreto nº 21.403, de 7 de maio, o governador de Pernambuco declara, no âmbito estadual, Ano Gilberto Freyre 2000. Pelo Decreto de 13 de julho, o presidente da República institui o ano 2000 como Ano Gilberto Freyre. A UniverCidade do Rio de Janeiro institui, por sugestão da Editora Topbooks, o prêmio de 20 mil dólares para o melhor ensaio sobre Gilberto Freyre.

2000   Por iniciativa da TV Cultura de São Paulo, são elaborados os filmes *Gilbertianas I* e *II*, dirigidos pelo cineasta Ricardo Miranda com a colaboração do antropólogo Raul Lody. Em 13 de março, ocorre o lançamento nacional da produção, numa promoção do Shopping Center Recife/UCI Cinemas/Weston Táxi Aéreo. Em 21 de março são lançados, na sala Calouste Gulbenkian da Fundação Joaquim Nabuco, no Núcleo de Estudos Freyrianos, no governo do estado de Pernambuco, na Sudene e no Ministério da Cultura. Por iniciativa do Canal GNT, VideoFilmes e Regina Filmes, o cineasta Nelson Pereira dos Santos dirige quatro documentários intitulados genéricos de *Casa-grande & senzala*, tendo Edson Nery da Fonseca como corroteirista e narrador. Filmados no Brasil, em Portugal e na Universidade de Columbia em Nova York, o primeiro, *O Cabral moderno*, exibido pelo canal GNT a partir de 21 de abril. Os demais, *A cunhã:* mãe da família brasileira, *O português:* colonizador dos trópicos e *O escravo na vida sexual e de família do brasileiro*, são exibidos pelo mesmo canal, a partir de 2001. As Editoras Letras e Expressões e Abregraph publicam a 2ª edição de *Casa-grande & senzala em quadrinhos*, com ilustrações de Ivan Wasth Rodrigues colorizadas por Noguchi. A Editora Topbooks lança a 2ª edição brasileira de *Novo mundo nos trópicos*, prefaciada por Wilson Martins. A revista *Novos Estudos Cebrap*, n. 56, publica o dossiê Leituras de Gilberto Freyre, com apresentação de Ricardo Benzaquen de Araújo, incluindo as introduções de Fernand Braudel à edição italiana de *Casa-grande & senzala*, de Lucien Fèbvre à edição francesa, de Antonio Sérgio a *O mundo que o português criou* e de Frank Tannembaum à edição norte-americana de *Sobrados e mucambos*. Em 15 de março, realiza-se na Maison de Sciences de l'Homme et de la Science o colóquio Gilberto Freyre e a França, organizado pela professora Ria Lemaire, da Universidade de Poitiers. Em 15 de março o arcebispo de Olinda e Recife, José Cardoso, celebra missa solene na Igreja de São Pedro dos Clérigos, com cantos do coral da Academia Pernambucana de Música. Na tarde de 15 de março, é apresentada, na sala

Calouste Gulbenkian, em projeção de VHF, a Biblioteca Virtual Gilberto, disponível imediatamente na Internet: <http://prossiga.bvgf.fgf.org.br>. De 21 a 24 de março realiza-se na Fundação Gilberto Freyre o Seminário Internacional Novo Mundo nos Trópicos (anais publicados com título homônimo). De 28 a 31 de março é apresentado no Centro Cultural Banco do Brasil do Rio de Janeiro o ciclo de palestras A propósito de Gilberto Freyre (não reunidas em livro). De 14 a 16 de agosto realiza-se o seminário Gilberto Freyre: patrimônio brasileiro, promovido conjuntamente pela Fundação Roberto Marinho, pela UniverCidade do Rio de Janeiro, pelo Colégio do Brasil, pela Academia Brasileira de Letras, pela *Folha de S.Paulo* e pelo Instituto de Estudos Avançados da USP. Iniciado no auditório da Academia Brasileira de Letras e num dos *campi* da Universidade, é concluído no auditório da *Folha de S.Paulo* e na cidade universitária da USP. Em 18 de outubro, realiza-se no anfiteatro da História da USP o seminário multidisciplinar Relendo Gilberto Freyre, organizado pelo Centro Angel Rama da Faculdade de Filosofia, Letras e Ciências Humanas na mesma universidade. Em 20 de outubro realiza-se na embaixada do Brasil em Paris o seminário Gilberto Freyre e as ciências sociais no Brasil, promovido pelo Ministério das Relações Exteriores e Fundação Gilberto Freyre. Em 30 de outubro realiza-se em Buenos Aires o seminário À la busqueda de la identidad: el ensayo de interpretación nacional en Brasil y Argentina. De 6 a 9 de novembro é realizada no Sun Valley Park Hotel, em Marília (SP), a Jornada de Estudos Gilberto Freyre, organizada pela Faculdade de Filosofia e Ciências da Unesp. Em 21 de novembro, na Universidade de Essex, ocorre o seminário *The english in Brazil:* a study in cultural encounters, dirigido pela professora Maria Lúcia Pallares-Burke. Em 27 de novembro, realiza-se na Universidade de Cambridge o seminário Gilberto Freyre & história social do Brasil, dirigido pelos professores Peter Burke e Maria Lúcia Pallares-Burke. De 27 a 30 de novembro, acontece no Centro de Ciências Humanas, Letras e Artes da Universidade Federal da Paraíba o simpósio Gilberto Freyre: interpenetração do Brasil, organizado pela professora Elisalva Madruga Dantas e pelo poeta e multiartista Jomard Muniz de Brito (anais com título homônimo publicados pela editora Universitária em 2002). De 28 a 30 de novembro, ocorre na sala Calouste Gulbenkian da Fundação Joaquim Nabuco o seminário internacional Além do apenas moderno. De 5 a 7 de dezembro é apresentado no auditório João Alfredo da Universidade Federal de Pernambuco o seminário Outros Gilbertos, organizado pelo Laboratório de Estudos Avançados de Cultura Contemporânea do Departamento de Antropologia da mesma universidade. Publica-se em São Paulo, pelo Grupo Editorial Cone Sul, o ensaio de Gustavo Henrique Tuna: *Gilberto Freyre: entre tradição & ruptura*, premiado na categoria "ensaio" do 3º Festival Universitário de Literatura, organizado pela Xerox do Brasil e pela revista *Livro Aberto*. Por iniciativa do deputado Aldo Rebelo a Câmara dos Deputados reúne no opúsculo Gilberto Freyre e a formação do Brasil, prefaciado por Luís Fernandes, ensaios do próprio deputado, de Otto Maria Carpeaux e de Regina Maria A. F. Gadelha. A Editora Comunigraf publica no Recife o livro de Mário Hélio *O Brasil de Gilberto Freyre:* uma introdução à leitura de sua obra, com ilustrações de José Cláudio e prefácio de Edson Nery da Fonseca. A Editora Casa Amarela publica em São Paulo a 2ª edição do ensaio de Gilberto Felisberto Vasconcellos *O xará de Apipucos*. A Embaixada do Brasil em Bogotá publica o opúsculo Imagens, com texto e ilustrações selecionadas por Nora Ronderos.

2001 A Companhia das Letras publica em São Paulo a 2ª edição de *Interpretação do Brasil*, organizada e prefaciada por Omar Ribeiro Thomaz (nº 19 da Coleção Retratos do Brasil). A Editora Topbooks publica no Rio de Janeiro a obra coletiva *O imperador das ideias*: Gilberto Freyre em questão, organizada pelos professores Joaquim Falcão e Rosa Maria Barboza de Araújo, reunindo conferências do seminário realizado no Rio de Janeiro e em São Paulo de 14 a 17 de agosto de 2000. A Editora Topbooks e UniverCidade publicam no Rio de Janeiro a 2ª edição de *Além do apenas moderno*, prefaciada por José Guilherme Merquior e as 3ªs edições de *Aventura e rotina*, prefaciada por Alberto da Costa e Silva, e de *Ingleses no Brasil*, prefaciada por Evaldo Cabral de Melo. A Editora da Universidade do Estado de Pernambuco publica, como nº 18 de sua Coleção Nordestina, o livro póstumo *Antecipações*, organizado e prefaciado por Edson Nery da Fonseca. A Editora Garamond publica no Rio de Janeiro o livro de Helena Bocayuva *Erotismo à brasileira:* o excesso sexual na obra de Gilberto Freyre, prefaciado pelo professor Luis Antonio de Castro Santos. O *Diário Oficial da União* de 28 de dezembro de 2001 publica, à página 6, a Lei no 10.361, de 27 de dezembro de 2001, que confere o nome de Aeroporto Internacional Gilberto Freyre ao Aeroporto Internacional dos Guararapes do Recife. O Projeto de Lei é de autoria do deputado José Chaves (PMDB-PE).

2002 Publica-se no Rio de Janeiro, em coedição da Fundação Biblioteca Nacional e Zé Mário Editor, o livro de Edson Nery da Fonseca *Gilberto Freyre de A a Z*. É lançada em Paris, sob os auspícios da ONG da Unesco Allca XX e como volume 55 da Coleção Archives, a edição crítica de *Casa-grande & senzala*, organizada por Guillermo Giucci, Enrique Rodríguez Larreta e Edson Nery da Fonseca.

2003 O governo instalado no Brasil em 1º de janeiro extingue, sem nenhuma explicação, o Seminário de Tropicologia criado em 1966 pela Universidade Federal de Pernambuco, por sugestão de Gilberto Freyre e incorporado em 1980 à estrutura da Fundação Joaquim Nabuco. Gustavo Henrique Tuna defende, no Departamento de História do Instituto de Filosofia e Ciências Humanas da Unicamp, a dissertação de mestrado *Viagens e viajantes em Gilberto Freyre*. A Editora da Universidade de Brasília publica, em coedição com a Imprensa Oficial do

Estado de São Paulo, as seguintes obras póstumas, organizadas por Edson Nery da Fonseca: *Palavras repatriadas* (prefácio e notas do organizador); *Americanidade e latinidade da América Latina e outros textos afins*, *Três histórias mais ou menos inventadas* (com prefácio e posfácio de César Leal) e *China tropical*. A Global Editora publica a 47ª edição de *Casa-grande & senzala* (com apresentação de Fernando Henrique Cardoso). No mesmo ano, lança a 48ª edição da obra-mestra de Freyre. A mesma editora publica a 14ª edição de *Sobrados e mucambos* (com apresentação de Roberto DaMatta). Publica-se pela Edusc, Editora da Unesp e Fapesp o livro *Gilberto Freyre em quatro tempos* (organização de Ethel Volfzon Kosminsky, Claude Lépine e Fernanda Arêas Peixoto), reunindo comunicações apresentadas na Jornada de Estudos Gilberto Freyre, realizada em Marília (SP), em 2000. É lançada pela Edusc, Editora Sumaré e Anpocs o livro de Élide Rugai Bastos *Gilberto Freyre e o pensamento hispânico:* entre Dom Quixote e Alonso El Bueno.

2004 A Global Editora publica a 6ª edição de *Ordem e progresso* (apresentação de Nicolau Sevcenko), a 7ª edição de *Nordeste* (com apresentação de Manoel Correia de Oliveira Andrade), a 15ª edição de *Sobrados e mucambos* e a 49ª edição de *Casa-grande & senzala*. Em conjunto com a Fundação Gilberto Freyre, a editora lança o Concurso Nacional de Ensaios – Prêmio Gilberto Freyre 2004/2005, destinado a premiar e a publicar ensaio que aborde "qualquer dos aspectos relevantes da obra do escritor Gilberto Freyre".

2005 Em 15 de março é premiado o trabalho de Élide Rugai Bastos intitulado *As criaturas de Prometeu:* Gilberto Freyre e a formação da sociedade brasileira, vencedor do Concurso Nacional de Ensaios – Prêmio Gilberto Freyre 2004/2005, promovido pela Fundação Gilberto Freyre e pela Global Editora. Esta publica a 50ª edição (edição comemorativa) de *Casa-grande & senzala*, em capa dura. Em agosto, o grupo de teatro Os Fofos Encenam, sob a direção de Newton Moreno, estreia a peça *Assombrações do Recife Velho*, adaptação da obra homônima de Gilberto Freyre, no Casarão do Belvedere, situado no bairro Bela Vista, em São Paulo. Em 18 de outubro, na Livraria Cultura do Shopping Villa-Lobos, em São Paulo, é lançado *Gilberto Freyre: um vitoriano dos trópicos*, de Maria Lúcia Pallares-Burke, pela Editora da Unesp, em mesa-redonda com a participação dos professores Antonio Dimas, José de Souza Martins, Élide Rugai Bastos e a autora do livro. A Global Editora publica a 3ª edição de *Casa-grande & senzala em quadrinhos*, com ilustrações de Ivan Wasth Rodrigues colorizadas por Noguchi.

2006 Realiza-se em 15 de março na 19ª Bienal Internacional do Livro de São Paulo, sediada no Pavilhão de Exposições do Anhembi, no salão A-Mezanino, a mesa de debate setenta anos de *Sobrados e mucambos*, de Gilberto Freyre, com a presença dos professores Roberto DaMatta, Élide Rugai Bastos, Enrique Rodríguez Larreta e mediação de Gustavo Henrique Tuna. No evento, é lançado o 2º Concurso Nacional de Ensaios – Prêmio Gilberto Freyre 2006/2007, organizado pela Global Editora e pela Fundação Gilberto Freyre que aborda qualquer aspecto referente à obra *Sobrados e mucambos*. A Global Editora publica a 2ª edição, revista, de *Tempo morto e outros tempos*, prefaciada por Maria Lúcia Garcia Pallares-Burke. Realiza-se no auditório do Instituto de Filosofia e Ciências Humanas da Unicamp, nos dias 25 e 26 de abril, o Simpósio Gilberto Freyre: produção, circulação e efeitos sociais de suas ideias, com a presença de inúmeros estudiosos do Brasil e do exterior da obra do sociólogo pernambucano.

A Global Editora publica *As criaturas de Prometeu – Gilberto Freyre e a formação da sociedade brasileira*, de Élide Rugai Bastos, trabalho vencedor da 1ª edição do Concurso Nacional de Ensaios/ Prêmio Gilberto Freyre 2004/2005, promovido pela editora e pela Fundação Gilberto Freyre.

2007 Publicam-se em São Paulo, pela Global Editora: a 5ª edição do livro *Açúcar*, apresentada por Maria Lectícia Monteiro Cavalcanti; a 5ª edição revista, atualizada e aumentada por Antonio Paulo Rezende do livro *Guia prático, histórico e sentimental da cidade do Recife*; a 6ª edição revista e atualizada por Edson Nery da Fonseca do livro *Olinda: 2º guia prático, histórico e sentimental de cidade brasileira*. Publica-se no Rio de Janeiro, pela Civilização Brasileira, o primeiro volume da obra *Gilberto Freyre, uma biografia cultural*, dos pesquisadores uruguaios Enrique Rodrigues Larreta e Guillermo Giucci, em tradução de Josely Vianna Baptista. Publica-se no Recife, pela Editora Massangana, o livro de Edson Nery da Fonseca *Em torno de Gilberto Freyre*.

2008 O Museu da Língua Portuguesa de São Paulo encerra em 4 de maio a exposição, iniciada em 27 de novembro de 2007, *Gilberto Freyre intérprete do Brasil*, sob a curadoria de Élide Rugai Bastos, Júlia Peregrino e Pedro Karp Vasquez. Publicam-se em São Paulo, pela Global Editora: a 4ª edição revista do livro *Vida social no Brasil nos meados do século XIX*, com apresentação e índices de Gustavo Henrique Tuna; e a 6ª edição do livro *Assombrações do Recife Velho*, com apresentação de Newton Moreno, autor da adaptação teatral representada com sucesso em São Paulo. O editor Peter Lang de Oxford publica o livro de Peter Burke e Maria Lúcia G. Pallares-Burke *Gilberto Freyre: social theory in the tropics*, versão de *Gilberto Freyre, um vitoriano nos Trópicos*, publicado em 2005 pela Editora da Unesp, que em 2006 recebeu os Prêmios Senador José Ermírio de Morais da ABL (Academia Brasileira de letras) e Jabuti, na categoria Ciências Humanas.

A Global Editora publica *Ensaio sobre o jardim*, de Solange de Aragão, trabalho vencedor da 2ª edição do Concurso Nacional de Ensaios – Prêmio Gilberto Freyre 2006/2007, promovido pela editora e pela Fundação Gilberto Freyre.

2009   A Global Editora publica a 2ª edição de *Modos de homem & modas de mulher* com texto de apresentação de Mary Del Priore. A É Realizações Editora publica em São Paulo a 6ª edição do livro *Sociologia*: *introdução ao estudo dos seus princípios*, com prefácio de Simone Meucci e posfácio de Vamireh Chacon, e a 4ª edição de *Sociologia da medicina*, com prefácio de José Miguel Rasia. O Diário de Pernambuco edita a obra *Crônicas do cotidiano: a vida cultural de Pernambuco nos artigos de Gilberto Freyre*, antologia organizada por Carolina Leão e Lydia Barros. A Editora da Unesp publica, em tradução de Fernanda Veríssimo, o livro de Peter Burke e Maria Lúcia G. Pallares-Burke *Repensando os trópicos: um retrato intelectual de Gilberto Freyre*, com prefácio à edição brasileira.

2010   Publica-se pela Global Editora o livro *Nordeste semita – Ensaio sobre um certo Nordeste que em Gilberto Freyre também é semita*, de autoria de Caesar Sobreira, trabalho vencedor da 3ª edição do Concurso Nacional de Ensaios – Prêmio Gilberto Freyre 2008/2009, promovido pela editora e pela Fundação Gilberto Freyre. A Global Editora publica a 4ª edição de *O escravo nos anúncios de jornais brasileiros do século XIX*, com apresentação de Alberto da Costa e Silva. A É Realizações publica a 4ª edição de *Aventura e rotina*, a 2ª edição de *Homens, engenharias e rumos sociais*, as 2ªs edições de *O luso e o trópico, O mundo que o português criou, Uma cultura ameaçada e outros ensaios* (versão ampliada de *Uma cultura ameaçada*: a luso-brasileira), *Um brasileiro em terras portuguesas* (a 1ª edição publicada no Brasil) e a 3ª edição de *Vida forma e cor*. A Editora Girafa publica *Em torno de Joaquim Nabuco*, reunião de textos que Gilberto Freyre escreveu sobre o abolicionista organizada por Edson Nery da Fonseca com colaboração de Jamille Cabral Pereira Barbosa. Gilberto Freyre é o autor homenageado da 10ª edição da Feira Nacional do Livro de Ribeirão Preto, realizada entre os dias 14 e 18 de junho. É também o autor homenageado da 8ª edição da Festa Literária Internacional de Paraty (Flip), ocorrida na cidade carioca entre os dias 4 e 8 de agosto. Para a homenagem, foram organizadas mesas com convidados nacionais e do exterior. A conferência de abertura, em 4 de agosto, é lida pelo ex-presidente Fernando Henrique Cardoso e debatida pelo historiador Luiz Felipe de Alencastro; no dia 5 realiza-se a mesa Ao correr da pena, com Moacyr Scliar, Ricardo Benzaquen e Edson Nery da Fonseca, com mediação de Ángel Gurría-Quintana; no dia 6 ocorre a mesa Além da casa-grande, com Alberto da Costa e Silva, Maria Lúcia Pallares-Burke e Ângela Alonso, com mediação de Lilia Schwarcz; no dia 8 realiza-se a mesa Gilberto Freyre e o século XXI, com José de Souza Martins, Peter Burke e Hermano Vianna, com mediação de Benjamim Moser. É lançado na Flip o tão esperado inédito de Gilberto Freyre *De menino a homem*, espécie de livro de memórias do pernambucano, pela Global Editora. A edição, feita com capa dura, traz um rico caderno iconográfico, conta com texto de apresentação de Fátima Quintas e notas de Gustavo

Henrique Tuna. O lançamento do tão aguardado relato autobiográfico até então inédito de Gilberto Freyre realiza-se na noite do dia 5 de agosto, na Casa da Cultura de Paraty, ocasião em que o ator Dan Stulbach lê trechos da obra para o público presente. O Instituto Moreira Salles publica uma edição especial para a Flip de sua revista *Serrote*, com poemas de Gilberto Freyre comentados por Eucanaã Ferraz. A Funarte publica o volume 5 da coleção Pensamento crítico intitulado *Gilberto Freyre, uma coletânea de escritos do sociólogo pernambucano sobre arte*, organizada por Clarissa Diniz e Gleyce Heitor.

2011 Realiza-se entre os dias 31 de março e 1º de abril na Universidade Lusófona, em Lisboa, o colóquio Identidades, hibridismos e tropicalismos: leituras pós-coloniais de Gilberto Freyre, com a participação de importantes intelectuais portugueses como Diogo Ramada Curto, Pedro Cardim, António Manuel Hespanha, Cláudia Castelo, entre outros. A Global Editora publica *Perfil de Euclides e outros perfis*, com texto de apresentação de Walnice Nogueira Galvão. O livro *De menino a homem* é escolhido vencedor na categoria Biografia da 53ª edição do Prêmio Jabuti. A cerimônia de entrega do prêmio ocorre em 30 de novembro na Sala São Paulo, na capital paulista. A 7ª edição da Fliporto (Festa Literária Internacional de Pernambuco), realizada entre os dias 11 e 15 de novembro na Praça do Carmo, em Olinda, tem Gilberto Freyre como autor homenageado, com mesas dedicadas a discutir a obra do sociólogo. Participam das mesas no Congresso Literário da Fliporto intelectuais como Edson Nery da Fonseca, Fátima Quintas, Raul Lody, João Cezar de Castro Rocha, Vamireh Chacon, José Carlos Venâncio, Valéria Torres da Costa e Silva, Maria Lecticia Cavalcanti, entre outros. Dentro da programação da Feira, a Global Editora lança os livros *China tropical*, com texto de apresentação de Vamireh Chacon e *O outro Brasil que vem aí*, publicação voltada para o público infantil que traz o poema de Gilberto Freyre ilustrado por Dave Santana. No mesmo evento, é lançado pela Editora Cassará o livro *O grande sedutor: escritos sobre Gilberto Freyre de 1945 até hoje*, reunião de vários textos de Edson Nery da Fonseca a respeito da obra do sociólogo. Publica-se pela Editora Unesp o livro *Um estilo de história – a viagem, a memória e o ensaio*: sobre *Casa-grande & senzala e a representação do passado*, de autoria de Fernando Nicolazzi, originado da tese vencedora do Prêmio Manoel Luiz Salgado Guimarães de teses de doutorado na área de História promovido no ano anterior pela Anpuh.

2012 A edição de março da revista do Sesc de São Paulo publica um perfil de Gilberto Freyre. A Global Editora publica a 2ª edição de *Talvez poesia*, com texto de apresentação de Lêdo Ivo e dois poemas inéditos: "Francisquinha" e "Atelier". Pela mesma editora, publica-se a 2ª edição do livro *As melhores frases de Casa-grande & senzala:* a obra-prima de Gilberto Freyre, organizado por Fátima Quintas. Publica-se pela Topbooks o livro *Caminhos do açúcar*, de Raul Lody, que reúne temas abordados pelos trabalhos do sociólogo pernambucano. A Editora da Unesp publica o livro

O triunfo do fracasso: Rüdiger Bilden, o amigo esquecido de Gilberto Freyre, de Maria Lúcia Pallares-Burke, com texto de orelha de José de Souza Martins. A Fundação Gilberto Freyre promove em sua sede, em 10 de dezembro, o debate "A alimentação na obra de Gilberto Freyre, com presença de Maria Lecticia Monteiro Cavalcanti, pesquisadora em assuntos gastronômicos.

2013 Publica-se pela Fundação Gilberto Freyre o livro *Gilberto Freyre e as aventuras do paladar*, de autoria de Maria Lecticia Monteiro Cavalcanti. Vanessa Carnielo Ramos defende, no Departamento de História do Instituto de Ciências Humanas e Sociais da Universidade Federal de Ouro Preto, a dissertação de mestrado *À margem do texto*: estudo dos prefácios e notas de rodapé de *Casa-grande & senzala*. A Global Editora e a Fundação Gilberto Freyre abrem as inscrições para o 5º Concurso Nacional de Ensaios – Prêmio Gilberto Freyre 2013/2014, que tem como tema Família, mulher e criança. Em 4 de outubro, inaugura-se no Centro Cultural dos Correios, no Recife, a exposição Recife: Freyre em frames, com fotografias de Max Levay Reis e co-curadoria de Raul Lody, baseada em textos do livro *Guia prático, histórico e sentimental da cidade do Recife*, de Gilberto Freyre. Publica-se pela Global Editora uma edição comemorativa de *Casa-grande & senzala*, por ocasião dos oitenta anos de publicação do livro, completados no mês de dezembro. Feita em capa dura, a edição traz nova capa com foto do Engenho Poço Comprido, localizado no município pernambucano de Vicência, de autoria de Fabio Knoll, e novo caderno iconográfico, contendo imagens relativas à história da obra-mestra de Gilberto Freyre e fortuna crítica. Da tiragem da referida edição, foram separados e numerados 2013 exemplares pela editora.

2014 Nos dias 4 e 5 de fevereiro, no auditório Manuel Correia de Andrade do Centro de Filosofia e Ciências Humanas da Universidade Federal de Pernambuco, realiza-se o evento Gilberto Freyre: vida e obra em comemoração aos 15 anos da criação da Cátedra Gilberto Freyre, contemplando palestras, mesas redondas e distribuição de brindes. No dia 23 de maio, em evento da FLUPP (Festa Literária Internacional das UPPs) realizado no Centro Cultural da Juventude, sediado na capital paulista, o historiador Marcos Alvito profere aula sobre Gilberto Freyre. Entre os dias 12 e 15 de agosto, no auditório do Instituto Ricardo Brennand, no Recife, Maria Lúcia Pallares-Burke ministra o VIII Curso de Extensão Para ler Gilberto Freyre. Realiza-se em 11 de novembro no Empório Eça de Queiroz, na Madalena, o lançamento do livro *Caipirinha: espírito, sabor e cor do Brasil*, de Jairo Martins da Silva. A publicação bilíngue (português e inglês), além de ser prefaciada por Gilberto Freyre Neto, traz capítulo dedicado ao sociólogo pernambucano intitulado "Batidas: a drincologia do mestre Gilberto Freyre".

2015 Publica-se pela Global Editora a 3ª edição de *Interpretação do Brasil*, com introdução e notas de Omar Ribeiro Thomaz e apresentação de Eduardo Portella. Publica-se pela editora Appris, de Curitiba, o livro *Artesania da Sociologia no Brasil: contribuições e interpretações de Gilberto Freyre*, de autoria de Simone Meucci. Pela Edusp, publica-se a obra coletiva *Gilberto Freyre: novas leituras do outro lado do Atlântico*, organizada por Marcos Cardão e Cláudia Castelo. Marcando os 90 anos da publicação do *Livro do Nordeste*, realiza-se em 2 de setembro na I Feira Nordestina do Livro, no Centro de Convenções de Pernambuco, em Olinda, um debate com a presença de Mário Hélio e Zuleide Duarte. Sob o selo Luminária Academia, da Editora Multifoco, publica-se *O jornalista Gilberto Freyre: a fusão entre literatura e imprensa*, de Suellen Napoleão.

2016   A Global Editora e a Fundação Gilberto Freyre abrem as inscrições para o 6º Concurso Nacional de Ensaios Prêmio Gilberto Freyre 2016/2017. Realiza-se entre 22 de março e 8 de maio no Recife, na Caixa Cultural, a exposição inédita "Vida, forma e cor", abordando a produção visual de Gilberto Freyre e explorando sua relação com importantes artistas brasileiros do século XX. Na sequência, a mostra segue para São Paulo, ocupando, entre os dias 21 de maio e 10 de julho, um dos andares da Caixa Cultural, na Praça da Sé. Em 14 de abril, Luciana Cavalcanti Mendes defende a dissertação de mestrado *Diários fotográficos de bicicleta em Pernambuco: os irmãos Ulysses e Gilberto Freyre na documentação de cidades na década de 1920* dentro do Programa de Pós-Graduação "Culturas e Identidades Brasileiras" do Instituto de Estudos Brasileiros da USP, sob a orientação da Profa. Dra. Vanderli Custódio. Publica-se pela Global Editora a 2ª edição de *Tempo de aprendiz*, com apresentação do jornalista Geneton Moraes Neto. Em 25 de outubro, na Fundação Joaquim Nabuco, em sessão do Seminário de Tropicologia organizada pela Profa. Fátima Quintas, o Prof. Dr. Antonio Dimas (USP) profere palestra a respeito do *Manifesto Regionalista* por ocasião do aniversário de 90 anos de sua publicação.

2017   O ensaio *Gilberto Freyre e o Estado Novo: região, nação e modernidade*, de autoria de Gustavo Mesquita, é anunciado como o vencedor do 6º Concurso Nacional de Ensaios Prêmio Gilberto Freyre 2016/2017, promovido pela Fundação Gilberto Freyre e pela Global Editora. A entrega do prêmio é realizada em 15 de março na sede da fundação, em Apipucos, celebrando conjuntamente os 30 anos da instituição, criada para conservar e disseminar o legado do sociólogo. Publicam-se pela Global Editora o livro *Cartas provincianas: correspondência entre Gilberto Freyre e Manuel Bandeira*, com organização e notas de Silvana Moreli Vicente Dias, e *Algumas assombrações do Recife Velho*, adaptação para os quadrinhos de sete contos extraídos do livro *Assombrações do Recife Velho*: "O Boca-de-Ouro", "Um lobisomem doutor", "O Papa-Figo", "Um barão perseguido pelo diabo", "O visconde encantado", "Visita de amigo moribundo" e "O sobrado da rua de São José". A adaptação é de autoria de André Balaio e Roberto Beltrão; a pesquisa, realizada por Naymme Moraes e as ilustrações, concebidas por Téo Pinheiro.

2018 Em fevereiro, é publicado pela Global Editora o livro *Gilberto Freyre e o Estado Novo: região, nação e modernidade*, de Gustavo Mesquita. A Editora Gaia lança a 2ª edição da obra *Gilberto Freyre e as aventuras do paladar*, de Maria Lecticia Monteiro Cavalcanti. Em abril, é publicada pela Editora Massangana a obra coletiva *O pensamento museológico de Gilberto Freyre*, organizada por Mario Chagas e Gleyce Kelly Heitor.

2019 Realiza-se, em março, em cerimônia na Fundação Gilberto Freyre, a entrega do Prêmio Gilberto Freyre 2018/2019 a Claudio Marcio Coelho, autor do ensaio vencedor intitulado *Os sherlockismos de Gilberto Freyre: a antecipação metodológica freyriana nas décadas de 1920 e 1930*. Na mesma ocasião, é lançada a antologia *Gilberto Freyre crônicas para jovens*, prefaciada e selecionada por Gustavo Henrique Tuna, publicada pela Global Editora. Encerrando o ciclo de conferências daquele ano da Academia Brasileira de Letras, o acadêmico Joaquim Falcão profere, em 5 de dezembro, a palestra "Na varanda, com Gilberto Freyre" na sede da instituição, na cidade do Rio de Janeiro.

2020 A Cepe (Companhia Editora de Pernambuco) relança o livro *O Brasil de Gilberto Freyre: uma introdução à leitura de sua obra*, de autoria de Mario Helio. A nova edição traz ilustrações de Zé Cláudio e prefácio de Kathrin Rosenfield. Realiza-se entre os dias 25 e 26 de fevereiro na Universidade de Salamanca, Espanha, o Congresso Internacional de Ciências Sociais e Humanas – A obra de Gilberto Freyre nas Ciências Sociais e Humanas na contemporaneidade, promovido pelo Centro de Estudos Brasileiros daquela universidade. A Global Editora e a Fundação Gilberto Freyre lançam o 1º Concurso Internacional de Ensaios Prêmio Gilberto Freyre 2020/2021, possibilitando, assim, que trabalhos de autoria de pesquisadores de outros países possam ser inscritos no já consagrado concurso literário dedicado à obra do sociólogo pernambucano.

2021 O historiador britânico Peter Burke publica pela Editora Unesp o livro *O polímata – Uma história cultural de Leonardo da Vinci a Susan Sontag*, no qual realiza uma instigante reflexão sobre Gilberto Freyre. Publica-se pela Global Editora o livro *Os sherlockismos de Gilberto Freyre: a antecipação metodológica freyriana nas décadas de 1920 e 1930*, de Claudio Marcio Coelho. É divulgado o resultado do 1º Concurso Internacional de Ensaios Prêmio Gilberto Freyre 2020/2021. O ensaio vencedor é de autoria de Cibele Barbosa, pesquisadora da Fundação Joaquim Nabuco, e intitula-se *Escrita histórica e geopolítica da raça: a recepção de Gilberto Freyre na França*. Em junho, na Universidade de Salamanca, Espanha, Pablo González-Velasco defende a tese de doutorado *Gilberto Freyre y España: la constante iberista en su vida y obra* no Programa de Ciências Sociais daquela universidade, na área de Antropologia.

2022 Sai pela Cepe o livro *A história íntima de Gilberto Freyre*, de autoria de Mario Helio Gomes. Em 18 de maio, a Casa-Museu Magdalena e Gilberto Freyre, situada em Apipucos, Recife, reabre para a visitação do público após ter ficado fechada durante dois anos em virtude de um amplo processo de restauro do imóvel e de conservação de seu acervo.

Nota: após o falecimento de Edson Nery da Fonseca em 22 de junho de 2014, autor deste minucioso levantamento biobibliográfico, sua atualização está sendo realizada por Gustavo Henrique Tuna e tenciona seguir os mesmos critérios empregados pelo profundo estudioso da obra gilbertiana e amigo do autor.

Índice remissivo

A

Abolicionismo 81
Açúcar:
    decadência 93
    escravidão 44
    exportação 56, 60
    fabrico 56, 73
    importância na economia 68
    patriarcalismo 92
África:
    danças 79
    origem do maracatu 108
    religiões 116
Aguardente 60
Algodão 44, 60, 69, 73, 74
Alimentação:
    importação de artigos europeus 62
    mesas fartas nos sobrados 91
    nível nos engenhos 79
    produção para consumo interno 78
    Sul do Brasil 72
Ama de leite 87
América espanhola 79, 101
Antagonismos em equilíbrio 42
Anúncios de jornais 34, 40, 62, 66, 69, 75, 87, 99, 100
Arquitetura:
    das casas-grandes 36, 72
    dos sobrados 89, 90
Azulejo 90

B

Bahia 63, 64, 68, 69, 70, 71, 73, 74, 75, 90, 91, 93, 100, 102
Banco do Brasil 60
Bichos-de-pé 113
Brasil:
    agrário-patriarcal 80, 92
    arquitetura doméstica 36
    carnaval 105
    comparação com outros países 39
    cultura material 32
    cultura nacional 63
    desenvolvimento 31
    diversidade regional 44, 61
    escravidão 23, 79
    escravidão benigna 23
    ethos 23, 27

feudalismo 77, 78
história econômica 73
identidade nacional 43
identidades regionais 71
morenidade 43
Nordeste 31, 56
papel do teatro nos meados do século XIX 104, 105
passado estritamente patriarcal 57
passado mais íntimo 35
passado mais que social, íntimo 34
passado social 31, 56
patriarcal e escravocrático 42, 43, 44, 46, 47, 56, 57, 64
patriarcal e pastoril 70
patriarcalismo agrário e cristão 81
paz racial 44
população de extremos (senhores e escravos) 26
regionalismo 56
sertão 70
sistema patriarcal 26
suburbano 28
vários tipos de patriarcalismo nos meados do século XIX 92, 93
vestuário 71
vida íntima no século XIX 21, 22
vida pública 88
visto através do Nordeste 56
Brasil Colônia: momentos iniciais da colonização 69
Brasil Império:
    abundância de escravos nos meados do século XIX 82
    administração pública 65, 85, 101, 102
    alimentação 62
    ausência de povo 63
    carnaval 105
    decadência aurífera de Minas Gerais 67
    diplomacia 65, 101
    enterros 114, 115, 116
    escravidão 66, 80
    europeização 71
    higiene pessoal 113, 114
    higiene pública 111, 112
    imigração europeia 72
    liberalismo 65
    literatura 62
    mercado açucareiro 68
    monocultura 78
    "Pedro II" 24
    poder moderador 61
    refinamento dos costumes 69
    Senado 61

transporte 73, 75
tratamento dispensado aos mortos 115, 116
Brasileiro:
   de cor negra 74
   ethos 23, 27
   homem situado no trópico 46
   identidade nacional 47
   morenidade 45, 46
   tipo metarracial 43, 45, 46
Brasileiros:
   uso da água 112
   viver em família no século XIX 25

C

Café 56, 57, 112
   escravidão 44
   exportação 60, 68, 70
   Minas Gerais 78
   negócio 90
   novo surto 68
   patriarcalismo 92
   quente 112
   riqueza paulista 67
   Sul do país 56, 57, 64, 67
Cafuné 71, 88
Cana-de-açúcar:
   civilização 56
   plantações 68
   senhores com "poder feudal" 77
Carnaval 105
Casa-grande: arquitetura 36
Casamento 65, 96, 97, 102
Casas-grandes 42, 69
   culinária 82
   na Bahia 69
   patriarcais 42, 85
   senhoris 90
Catolicismo brasileiro:
   celibato 86
   coroinha 98
   "gente senhoril" enterrada nas igrejas 116
   padre em toda família 100
   presença na vida de família 93
   procissões 105, 106
   rezas fúnebres 114, 115
   santos pretos e pardos 106
   vida íntima do brasileiro 94
Ceará 71, 76
Cemitérios 108, 115, 116
Chá 62

Chafariz 112
Cientificismo 27
Clero:
   corrupção 59
   santos pretos e pardos 106
Colonização: concentração da população na costa 66
Cozinha:
   fabricação de sorvetes 92
   lugar dentro dos sobrados 90
Cristianismo 26, 81
Culinária:
   casas-grandes 82
   ciência 35
   escravas hábeis no preparo de doces 75
   fabricação de sorvetes 92
   fazendas 82
   preparo das iguarias por parte das negras 84
   produção paralela de produtos nos engenhos 78
Culto da Virgem Maria 93, 107, 114
Cultura 26, 29, 30, 31, 32, 33, 36, 40, 42, 43, 44, 46, 47, 63, 69, 91, 108
Cultura material 32, 33, 91

D

Daguerreótipos 100, 106, 107, 119
Danças 79, 95
   capoeira 106
   carnaval 105
   indígenas 108
   juninas 106
   lanceiro 95
   polca 95

E

Ecologia 40
Educação:
   Faculdade de Direito 100, 101, 102, 103, 104
   Faculdade de Medicina 100, 102, 103, 104
   instrução superior 65
   internatos 95
   meados do século XIX 98
   patriarcal 98
   seminário 100
Engenhos:
   a vapor 108
   arquitetura 36
   capelas 94
   condições de trabalho 81
   convivência de senhores com escravos 81
   higiene 113

influência diminuta do Imperador 85
nível da alimentação 79
patriarcais 78, 85, 93, 116
pernambucanos 78, 91, 110, 116
propriedades de religiosos 64
sergipanos 114
Zona da Mata 68
Entrudo 105
Equilíbrio de antagonismos 42
Escravas: relações sexuais com seus senhores 86
Escravidão 81, 85
   antiescravismo 81
   aspectos menos agradáveis 26
   benigna 91
   benigna no Brasil 23
   Brasil agrário-patriarcal 79
   comércio interprovincial 93
   contrabando de escravos 110
   doméstica 71
   humano tratamento dos senhores 80
   massa de escravos 63
   na Grécia 23, 49, 88
   nos anúncios de jornais 66
   parte do sistema socioeconômico do Brasil 42
   predominância 47, 56, 57
   propaganda antiescravista britânica 79
   sadismo 43, 94
   sistema 43, 44, 46
   sistema que exigia plantio para consumo
   dos escravos 78
   Sul dos Estados Unidos 50
Escravas: relações sexuais com seus senhores 85, 86
Escravo: tratamento ameno a ele dado no Brasil 23
Escravos
   abundância 82
   alegria 107
   alforriados 57
   alimentação 79
   alimentação farta 82
   "cabras" 66
   carregadores de tigres 112
   comércio interprovincial 93
   condições de trabalho 80, 81
   contrabando 110
   domésticos 71
   fugidos 66
   habilidades artesanais 71
   habilidades nas mais delicadas indústrias 82
   importância 64
   lamentos nos enterros de seus senhores 115

mortos pela cólera 70
nos anúncios de jornais 66
relações com senhores 41, 64
religiosidade 81
retratos 107
tratados benevolamente 91
"tratados com bondade e humanidade por seus
   senhores" 80
velhos sofrendo de lepra 110
vítimas do sadismo do senhor 94
Esporte: *turf* 62
Estados Unidos:
   escravidão 50
   Sul *antebellum* 62
Estâncias: patriarcais 93
Estradas de ferro 73, 75, 77
Etnocentrismo 30
Eugenia 46
Europeização do Brasil:
   artigos ingleses e franceses 71
   educação das meninas 95
   luxo 69
   modernização 108
   Rua do Ouvidor 74

F

Família patriarcal 26, 44, 70, 98, 106
   casamento 96
   "dias de esplendor" 92
   educação religiosa 95
   extensa 94
   hospitalidade 92
   pleno vigor 88
   poder representado nas diversas profissões 100
   predominância 57
   respeito pela morte 116
Família: objeto do livro de Gilberto Freyre 25
Fazendas:
   convivência de senhores com escravos 81
   higiene 113
   influência do Imperador diminuída 86
   patriarcais 85, 93, 116
   paulistas 67
Festas 76, 104, 105, 106, 107
Feudalismo 60, 77
Frades:
   célebres na agricultura 64
   corrupção 59
   encapuchados 107
Fumo 60, 69, 88, 94

G

Galanteio 96
Goiás 76
Grécia: escravidão 23, 49, 88

H

Habitação: arquitetura dos sobrados 89, 90
Hierarquia social 48
Higiene 26
    pessoal 112, 113, 114
    pública 59
    pública no Rio de Janeiro 111, 112
História oral 41, 48
História Social 29
    e econômica 51
    transformada em História Íntima no livro, segundo
        Gilberto Freyre 25
Homem: patriarcal 47
    precoce envelhecimento 98, 99
    seriedade nas fotos 106, 107
Homens brasileiros: camaradagem 88
Hospitalidade patriarcal 92

I

Identidade nacional 43, 46
Igreja Católica:
    assistencialismo 109, 110
    capelas nos engenhos 94
    celibato 86
    coroinha 98
    disciplinadora 67
    irmandades religiosas 110
    padres na família 100
    presença na vida de família do Brasil 93
    rituais fúnebres 115
    santas-casas, misericórdias, casas de caridade 109
Iluminação pública 77
Impostos 70
Indígena 46
Indígenas:
    apatia 66
    arte plumeira 74
    danças 108
    indianismo na literatura 62
    miscigenação 65
    tristeza 106
Inquisição 107

J

Jogos de salão 91

L

Lanceiros 95
Liberalismo 65, 79
Literatura 47, 48, 52, 97, 98
Livros de viajantes estrangeiros: fontes seguras,
    segundo Gilberto Freyre 23

M

Maçonaria 88
Maranhão 73
Mariana 67
Marxismo 43, 44, 45, 48
Mascates 84
Masoquismo 43
Mato Grosso 76
Mecanização 73
Menina:
    enterros 115
    higiene pessoal 113
    infância abreviada 95
    precoce envelhecimento 95, 96, 97
Menino:
    "ar tristonho" 99
    castigado severamente pelos pais 94, 95
    enterros 115
    higiene pessoal 113
    precoce envelhecimento 98, 99
Meninos: religiosidade 93
Mestiços 42, 85, 86
Metarraça 43, 45
Minas Gerais 66, 67, 70, 73, 74, 78, 90, 91, 113
Miscigenação:
    Nordeste brasileiro 46
    processo avançado no Brasil 65
    São Paulo 65
    senhores com escravas 85
    senhores e escravos 86
    solução brasileira 44, 45
Mobília 91
Moleques 82, 84
Monocultura 78
Morenidade 43, 45
Mortos:
    cemitério 108

funerais 114
"gente senhoril" enterrada nas igrejas 116
importância do culto 108
vestuário dos cadáveres 115
Mucamas 71
catadoras de piolhos 83, 114
nos anúncios de jornais 66
Mucambos 42
Mulatas 104
claras 86
de estimação 103
habilidades nas mais delicadas indústrias 75
nos anúncios de jornais 66
Mulatos:
livres 65
nascidos da união entre senhores e escravas 85
Mulher:
brasileira 84, 88
indolente e preguiçosa 83
precoce envelhecimento 95, 96, 97
seriedade nas fotos 106, 107
timidez 96
Música 62, 79, 91, 95, 96, 105, 108

N

Navegação 76, 77
Negras 104
habilidades nas mais delicadas indústrias 74
miscigenação 65
preparo das iguarias 84
Negros:
alegria 66, 107
comércio interprovincial 93
escravos velhos sofrendo de lepra 110
habilidades nas mais delicadas indústrias 74
Nobreza territorial 64
Nordeste 18, 19, 31, 90
canavieiro 57
miscigenação 46
morenidade 46
região para se ver o Brasil 56
senhores de engenho 56
Nova York 24

O

Olinda 63, 101, 103
Oriente 51
Ouro 66
Ouro Preto 90

P

Padres: corrupção 59

Palanquim 75
Palmares 56
Pará 65, 77, 113
Paraná 73
Patriarcalismo 26, 34, 42, 43, 44, 47, 56, 57, 61, 63, 64, 71, 78, 79, 81, 82, 83, 84, 87, 88, 89, 90, 91, 92, 93, 94, 95, 96, 98, 100, 103, 106, 109, 114, 115, 116
esplendor 25
Pecuária 44, 56, 64, 70, 71
Pernambuco 24, 45, 63, 64, 67, 68, 69, 72, 73, 75, 76, 78, 88, 89, 90, 91, 93, 102, 103, 105, 111, 113
Petrópolis 72
Pintura 49, 52, 62
Poder moderador 61
Polca 95
Portugal 69
Portugal: abundância de piolhos 114
Português: trigueiro 66
Portugueses:
abrasileirados 73
"de boa estirpe" 68
miscibilidade 65
pequena burguesia 64

Q

Quadrilha 95
Querubins 106

R

Raça 42, 43, 44, 45, 46, 65
Recife 62, 68, 72, 78, 90, 91, 101, 105, 108
comércio 22
Faculdade de Direito 63
urbanização 67
Rede de dormir 71
Religião:
africana 116
capelas nos engenhos 94
catolicismo presente na vida de família 93
celibato 86
cristã 26
igreja como ponto de encontro 96
importância na vida brasileira 59
mouros de turbantes 76
necessidade de toda família ter um padre 100
papel na hora da morte 114
patriarcalismo cristão 81
religiosos donos de terras 64
rituais fúnebres 115
Revolta Praieira 111

Rio de Janeiro 24, 62, 68, 72, 74, 75, 76, 83, 84, 87, 88, 90, 96, 100, 104, 105, 109, 110, 111, 113
Rio Grande do Sul 64, 67, 71, 73
Rios:
  Amazonas 77
  Beberibe 112
  Capibaribe 112, 113
  dificuldades de navegação 76
  Una 68, 78

S

Sadismo:
  dos senhores com seus escravos 94
  no Brasil patriarcal e escravocrático 43
Salvador 91
São Luís do Maranhão 90
São Paulo 93, 100, 101
  agrário 64
  café 57
  depoimento de D. P. Kidder 101
  hegemonia sobre o conjunto brasileiro 68
  homens nômades e viris 67
  mistura de raças 65
  nômades aventureiros 57
  nordestino miscigenado 46
  província próspera 67
São Pedro 73
Saúde:
  epidemia de cólera 70, 114
  epidemia de febre amarela 114
  lepra 110
  peste 114
  pública no Rio de Janeiro 111, 112
  superstições contra doenças 109
Senhor: poder absoluto 77
Senhores:
  "classe dirigente" 63
  enterrados nas igrejas 116
  gosto pela tristeza e pelo sofrimento 106
  relações com escravos 41, 64
  relações sexuais com suas escravas 85, 86
  tratamento humano e bondoso dispensado aos escravos 80
Senhores de engenho:
  afeição 22
  Nordeste 56
  poder 64
Senzalas 42
Sertanejos 70, 71, 72
Sertão 70
Sexualidade:
  amor romântico e sexual 42

formação da sociedade 40
moralidade sexual 85
Sinhás:
  culinária 82
  doceiras 78
  habilidades artesanais 71
  indolentes 85
  preguiçosas 83, 84
  preparo de sobremesas 92
Sobrados 72
  arquitetura 36, 89
  cozinha 26
  culinária 82
  mesas fartas 91
  patriarcais 42, 63, 79, 81, 83, 85, 88, 89, 90, 91, 93
Superstições 109

T

Tabaco 69
Transporte:
  barcaça 76
  canoa 76
  carruagem 91
  dromedários 76
  gôndola 75
  mula 76
  navio 76, 77
  técnicos 108
  trem 73, 75, 76
Trópico 39, 46, 73

U

Urbanização 77, 93
Valença 69, 74

V

Vestuário:
  compras das sinhás 84
  confecção dos escravos sob a supervisão das sinhás 82
  confecção por parte dos negros 74
  dos sertanejos e dos gaúchos 70, 71
  fúnebre 115
  meninos 99
  modas das sinhás 83
  rendas cearenses 71
Vila Rica 67

Z

Zona da Mata 68

Índice onomástico

A

ABREU, João Capistrano de 23, 37
ALBUQUERQUE, Félix Cavalcanti 24
ALCÂNTARA, Marco Aurélio de 44
ALENCAR, José de 62, 71, 82, 84, 90, 97
ALVES, Castro (Antônio C. A.) 103
AMADO, Gilberto 37, 86
AMARAL, Adelaide do 103
ARAÚJO, Nabuco de 62, 63
ARNOLD, Thurman 30
ASSIS, Joaquim Maria Machado de 61
AZEVEDO, João Lúcio de 28, 48, 51, 53

B

BARBOSA, Plácido 111
BARBOSA, Rui 79
BARIL, V. L. 117
BARRETO, Paulo 84
BARRETO, Tobias 103
BARROS, Francisco do Rêgo 69
BARTHES, Roland 40
BASTIDE, Roger 43
BASTOS, Tavares 63
BATISTA, Paula 102
BEARD, Charles A. 29, 30
BENEDICT, Ruth 52
BENSON, A. C. 35
BILDEN, Ruediger 50
BLOCH, Marc 30
BOAS, Franz 27, 28, 29, 31, 49, 51, 52
BOSSUET 95
BOURNE, Randolph 52
BOXER, Charles 40, 47
BRANCO, Visconde do Rio 62
BRAUDEL, Fernand 30
BULLOCK, Alan 56

C

CÂMARA, Eugênia 103
CÂMARA, Faelante da 102
CANDIANI 103
CARRIÉ, René 50
CARVALHO, Alfredo de 22, 112
CARVALHO, Augusto de 22
CARVALHO, Joaquim de 48, 51, 53

CARVALHO, Thomaz Ferreira de 22
CARVALLO, H. 69, 70, 73, 107, 117
CASTELNAU, Francis 91, 117
CASTRO, Eugênio de 51, 53
CENDRARS, Blaise 48
CLARK, Hamlet 80, 81, 117
CLEARY, Rev. 80, 87, 119
COELHO, dona Brites de Albuquerque 69
COELHO, Duarte de Albuquerque 69
COLTON, Walter 80, 97, 98, 117
COSTA, João Vicente 24
COUTY, Louis 63, 117
CUNHA, Euclides da 70

D

D'ASSIER, Adolph 117
DABADIE, F. 82, 83, 84, 104, 117
DADADE 22, 83
DAMATTA, Roberto 55
DARWIN, Charles 111
DEGLER, Carl 44
DELMATRO 103
DEWEY, John 51
DIAS, Gonçalves 62
DICKENS, Charles 80
DONIZETTI 105
DUMAS, Alexandre 95
DUTOT, S. 117

E

ELIZABETH, dona 22
EVANS, J. 100
EWBANK, Thomas 89, 105, 109, 112, 115, 117
EXPILLY, Charles 83, 87, 88, 94, 117

F

FEBVRE, Lucien 32
FELIPE, Guilherme 53
FERRAZ, Sampaio 88
FIGUEIREDO, A. P. de 86
FIGUEIREDO, Fidelino de 53
FLETCHER, J. C. 60, 72, 74, 77, 78, 82, 84, 90, 99, 101, 105, 117
FLORENTINO, Braz 63, 102
FLORES, Pastorisa 50

FLORESTA, Nísia 60
FOUJITA 52, 53
FREITAS, Otávio de 112, 115
FREITAS, Teixeira de 63
FREYCINET, Louis de 89, 91
FREYRE, Alfredo Alves da Silva 119

G

GAIO, Manoel da Silva 51, 53
GAMA, pe. Miguel do Sacramento Lopes 111
GENOVESE, Eugene D. 43, 44
GIDDINGS, Franklin 27, 29, 49, 52, 87
GOMES, Carlos 108
GONCOURT, Irmãos (Edmond e Jules) 21, 25
GORE OUSELEY, W. M. 117, 119
GRANDPREY, Clement de 52
GUIMARÃES, Aprígio 102
GUIMARÃES, Pinheiro 97

H

HADFIELD, William 68, 69, 117
HARING, Clarence H. 27, 48, 49
HAYES, Carlton 27, 49, 81
HIORNS, R. W. 46
HOOD 80
HORÁCIO 98

I

ISABEL, princesa 95
ITANHAÉM, Marquês de 61

J

JOÃO VI, Dom 24, 49, 108
JOHNSTONE, Paul 33
JONES, 24

K

KENNEDY, Edward 45
KENNEDY, Robert 45
KIDDER, D. P. 60, 72, 74, 77, 78, 89, 90, 101, 117
KULP, D.H. 30

L

LAET, Carlos de 37, 84, 85, 87, 94, 96
LIMA, Manoel de Oliveira 23, 24, 28, 37, 48, 49, 51, 52, 60, 77, 85, 86, 88, 118, 119

LINDSAY, Vachel 52
LOUREIRO, Trigo de 102
LOWELL, Amy 52
LUNDGREN, Hermann 22
LYELL, Charles 61
LYND, Helen M. 30, 32
LYND, Robert S. 30, 32

M

MACEDO, Joaquim Manuel de 82, 84, 97
MANIGHEW 80
MANSFIELD, C. B. 117
MARÉ, J. L. 65, 117
MARQUES, Xavier 104
MARTIN, Percy Alvin 27, 48
MARX, Karl 44
MAURRAS, Charles 49, 52
MEAD, Margareth 52
MELLO, Francisca Barradas da Cunha Teixeira de 22
MELLO, Ulysses Pernambucano de 119
MENCKEN, Henry L. 28, 48, 49, 50
MEREA, Paulo 51
MERQUIOR, José Guilherme 56
MEYERBEER 105
MILL, John Stuart 61
MILTON, John 98
MÔNACO, príncipe de 52
MONTAIGNE 35
MONTEIRO, Antônio Peregrino Maciel 63
MONTEIRO, Vicente do Rego 53
MOORE, John Bassett 29, 51
MOTA, Mauro 25, 37
MUNRO 27, 51

N

NABUCO, Joaquim 23, 37, 79, 110
NASH, Roy 43
NOÉ 98

O

OLIVEIRA, Artur de 92
OLIVEIRA, Maria Rabelo de 22

P

PASCUAL, A. D. de 117
PATER, Walter 21, 35
PATRESE, Ersila 104

PEDRO I, Dom 85
PEDRO II, Dom 24, 61, 62, 70, 85, 88, 98, 100
PEIXOTO, Afrânio 104
PFEIFFER, Ida 74, 75, 80, 111, 117
PICASSO, Pablo 52
PLÍNIO 109
POWDERMAKER, Hortense 30
PRADO, Paulo 36
PROUST, Marcel 35

Q

QUEIRÓS, Eça de 29

R

RACINE, Jean 98
RADIGUET, Max 74, 92, 96, 104, 109, 110, 118
RADIN, Max 30
REBECA 98
RENDU, Alphonse 80, 82, 86, 99, 118
REZENDE, Cássio Barbosa de 111
RIBEIRO, Darcy 48
ROBERTS, D. F. 46
ROBERTSON, Alexander 24, 28
ROBINSON, G. F. 30
RODRIGUEZ, Eugênio 83, 118
ROMERO, Sílvio 114
RUNDLE, Richard 24

S

SABUGOSA, Conde de 51
SAINT-HILAIRE, Auguste de 57, 65, 67, 118
SAND, George 61, 95
SCHAFFER, L. M. 118
SCULLY, William 90, 118
SELIGMAN, C. G. 27, 29, 51
SHEPHERD, William 27
SHLAPPRIZ, L. 119
SILVA, Alves da 63
SIMKINS, Francis Butler 50
SOREL, Georges 49, 52
SOUZA, F. Nunes de 65, 67, 118
SOUZA, Irineu Evangelista de 75
SPARS, James Eduardo 73
STAHL, Augusto C. 100
STEWART, C. S. 66, 87, 109, 118
STRATEN-PONTHOZ, Conde Augusto van Der 60, 72, 76, 118
STRYKER, Roy E. 33

SUE 95
SUZANNET, Conde de 84

T

TAGORE, Rabindranath 51, 52
TANNENBAUM, Frank 43, 52
TEIXEIRA, família Cunha 22
THALBERG 105
THOMAS, William H. 30
TÔRRES, Antônio 28
TORRICELI, Leopoldo 104
TOYNBEE, Arnold 43
TURNER, Frederick J. 30

U

URUGUAI, Visconde de 63

V

VAN DER LEI, Gaspar 69
VALENTE, Waldemar 25, 27, 37, 49, 86
VASCONCELOS, Leite 50
VASCONCELOS, Zacarias de Góis e 62, 63
VAUTHIER, Louis Léger 24, 36, 69, 113
VEBLEN, Thornstein 82
VERDI, Giuseppe 105
VIANA, F. J. de Oliveira 37, 86
VICENTE, Gil 107
VITÓRIA, Rainha 85, 99

W

WALLACE, Alfred Russel 65, 66, 79, 80, 118
WARE, Caroline F. 30
WARREN, John Esaias 113
WETHERELL, James 83, 118
WILBERFORCE, William 118
WOODINGS, R. B. 56

X

XENOFONTE 88

Y

YEATS, William Butler 52

Z

ZIMMERN, Alfred 23, 29, 50, 52, 88
ZNANIECKI, Florian 30

Outros títulos da Coleção Gilberto Freyre

Casa-grande & senzala
728 PÁGINAS
2 ENCARTES COLORIDOS
(32 PÁGINAS)
ISBN 978-85-260-0869-4

Casa-grande & senzala em quadrinhos
ADAPTAÇÃO DE ESTÊVÃO PINTO
64 PÁGINAS
ISBN 978-85-260-1059-8

Sobrados e mucambos
976 PÁGINAS
2 ENCARTES COLORIDOS
(32 PÁGINAS)
ISBN 978-85-260-0835-9

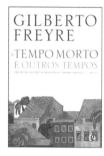

Tempo morto e outros tempos – Trechos de um diário de adolescência e primeira mocidade 1915-1930
384 PÁGINAS
1 ENCARTE COLORIDO (8 PÁGINAS)
ISBN 85-260-1074-3

Ordem e progresso
1 120 PÁGINAS
1 ENCARTE COLORIDO
(24 PÁGINAS)
ISBN 978-85-260-0836-6

Insurgências e ressurgências atuais – Cruzamentos de sins e nãos num mundo em transição
368 PÁGINAS
ISBN 85-260-1072-8

Nordeste
256 PÁGINAS
1 ENCARTE COLORIDO
(16 PÁGINAS)
ISBN 85-260-0837-4

Guia prático, histórico e sentimental da cidade do Recife
264 PÁGINAS
1 MAPA TURÍSTICO COLORIDO
ISBN 978-85-260-1067-3

 *Olinda* – 2º guia prático, histórico e sentimental de cidade brasileira
224 PÁGINAS
1 MAPA TURÍSTICO COLORIDO
ISBN 978-85-260-1073-4

 *De menino a homem* – De mais de trinta e de quarenta, de sessenta e mais anos
224 PÁGINAS
1 ENCARTE COLORIDO
(32 PÁGINAS)
ISBN 978-85-260-1077-2

Modos de homem & modas de mulher
336 PÁGINAS
1 ENCARTE COLORIDO
(16 PÁGINAS)
ISBN 978-85-260-1336-0

 *Novo mundo nos trópicos*
376 PÁGINAS
ISBN 978-85-260-1538-8

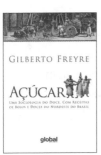 *Açúcar* – Uma sociologia do doce, com receitas de bolos e doces do Nordeste do Brasil
280 PÁGINAS
ISBN 978-85-260-1069-7

 *Perfil de Euclides e outros perfis*
288 PÁGINAS
ISBN 978-85-260-1562-3

 *O escravo nos anúncios de jornais brasileiros do século XIX*
248 PÁGINAS
1 ENCARTE PRETO E BRANCO
(8 PÁGINAS)
ISBN 978-85-260-0134-3

 *China tropical*
256 PÁGINAS
ISBN 978-85-260-1587-6

Talvez poesia
208 PÁGINAS
ISBN 978-85-260-1735-1

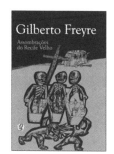
Assombrações do Recife Velho
240 PÁGINAS
ISBN 978-85-260-1310-0

Interpretação do Brasil
256 PÁGINAS
ISBN 978-85-260-2223-2

Bahia de todos os Santos e de quase todos os pecados
32 PÁGINAS
ISBN 978-85-260-2405-2

Tempo de aprendiz
760 PÁGINAS
ISBN 978-85-260-1923-2

O outro Brasil que vem aí
32 PÁGINAS
ISBN 978-85-260-1609-5

Algumas assombrações do Recife Velho (quadrinhos)
72 PÁGINAS
ISBN 978-85-260-2340-6

Gilberto Freyre crônicas para jovens
112 PÁGINAS
ISBN 978-85-260-2468-7

Impressão e Acabamento: